ENZYKLOPÄDIE
DEUTSCHER
GESCHICHTE
BAND 8

ENZYKLOPÄDIE
DEUTSCHER
GESCHICHTE
BAND 8

HERAUSGEGEBEN VON
LOTHAR GALL

IN VERBINDUNG MIT
PETER BLICKLE
ELISABETH FEHRENBACH
JOHANNES FRIED
KLAUS HILDEBRAND
KARL HEINRICH KAUFHOLD
HORST MÖLLER
OTTO GERHARD OEXLE
KLAUS TENFELDE

DIE AUSSENPOLITIK DES DRITTEN REICHES

VON
MARIE-LUISE RECKER

2., um einen Nachtrag erweiterte Auflage

R. OLDENBOURG VERLAG
MÜNCHEN 2010

Bibliografische Information der Deutschen Nationalbibliothek
Die Deutsche Nationalbibliothek verzeichnet diese Publikation in der Deutschen
Nationalbibliografie; detaillierte bibliografische Daten sind im Internet
über <http://dnb.d-nb.de> abrufbar.

© 2010 Oldenbourg Wissenschaftsverlag GmbH, München
Rosenheimer Straße 145, D-81671 München
Internet: oldenbourg.de

Umschlagentwurf: Dieter Vollendorf
Umschlagabbildung: Während der Münchener Konferenz. Am Kartentisch von
links nach rechts: Benito Mussolini, Hitler und der italienische Außenminister
Graf Galeazzo; Copyright: bpk

Gedruckt auf säurefreiem, alterungsbeständigem Papier (chlorfrei gebleicht)
Satz: Schmucker-digital, Feldkirchen b. München
Druck: MB Verlagsdruck, Schrobenhausen
Bindung: Buchbinderei Kolibri, Schwabmünchen

ISBN 978-3-486-59182-8

Vorwort

Die „Enzyklopädie deutscher Geschichte" soll für die Benutzer – Fachhistoriker, Studenten, Geschichtslehrer, Vertreter benachbarter Disziplinen und interessierte Laien – ein Arbeitsinstrument sein, mit dessen Hilfe sie sich rasch und zuverlässig über den gegenwärtigen Stand unserer Kenntnisse und der Forschung in den verschiedenen Bereichen der deutschen Geschichte informieren können.

Geschichte wird dabei in einem umfassenden Sinne verstanden: Der Geschichte der Gesellschaft, der Wirtschaft, des Staates in seinen inneren und äußeren Verhältnissen wird ebenso ein großes Gewicht beigemessen wie der Geschichte der Religion und der Kirche, der Kultur, der Lebenswelten und der Mentalitäten.

Dieses umfassende Verständnis von Geschichte muss immer wieder Prozesse und Tendenzen einbeziehen, die säkularer Natur sind, nationale und einzelstaatliche Grenzen übergreifen. Ihm entspricht eine eher pragmatische Bestimmung des Begriffs „deutsche Geschichte". Sie orientiert sich sehr bewusst an der jeweiligen zeitgenössischen Auffassung und Definition des Begriffs und sucht ihn von daher zugleich von programmatischen Rückprojektionen zu entlasten, die seine Verwendung in den letzten anderthalb Jahrhunderten immer wieder begleiteten. Was damit an Unschärfen und Problemen, vor allem hinsichtlich des diachronen Vergleichs, verbunden ist, steht in keinem Verhältnis zu den Schwierigkeiten, die sich bei dem Versuch einer zeitübergreifenden Festlegung ergäben, die stets nur mehr oder weniger willkürlicher Art sein könnte. Das heißt freilich nicht, dass der Begriff „deutsche Geschichte" unreflektiert gebraucht werden kann. Eine der Aufgaben der einzelnen Bände ist es vielmehr, den Bereich der Darstellung auch geographisch jeweils genau zu bestimmen.

Das Gesamtwerk wird am Ende rund hundert Bände umfassen. Sie folgen alle einem gleichen Gliederungsschema und sind mit Blick auf die Konzeption der Reihe und die Bedürfnisse des Benutzers in ihrem Umfang jeweils streng begrenzt. Das zwingt vor allem im darstellenden Teil, der den heutigen Stand unserer Kenntnisse auf knappstem Raum zusammenfasst – ihm schließen sich die Darlegung und Erörterung der Forschungssituation und eine entsprechend gegliederte Aus-

wahlbibliographie an –, zu starker Konzentration und zur Beschränkung auf die zentralen Vorgänge und Entwicklungen. Besonderes Gewicht ist daneben, unter Betonung des systematischen Zusammen-
hangs, auf die Abstimmung der einzelnen Bände untereinander, in
sachlicher Hinsicht, aber auch im Hinblick auf die übergreifenden Fragestellungen, gelegt worden. Aus dem Gesamtwerk lassen sich so auch
immer einzelne, den jeweiligen Benutzer besonders interessierende Se-
rien zusammenstellen. Ungeachtet dessen aber bildet jeder Band eine in
sich abgeschlossene Einheit – unter der persönlichen Verantwortung
des Autors und in völliger Eigenständigkeit gegenüber den benachbar-
ten und verwandten Bänden, auch was den Zeitpunkt des Erscheinens
angeht.

Lothar Gall

Inhalt

Die für Zeitschriften verwendeten Abkürzungen entsprechen denen der „Historischen Zeitschrift".

Vorwort der Verfasserin

Das Vorhaben, die Außenpolitik des Dritten Reiches auf denkbar knappstem Raum nachzuzeichnen, stellte die Verfasserin vor eine außerordentlich schwierige Aufgabe. Die Vielfalt der Handlungsabläufe, die Komplexität des Gegenstandes, aber auch dessen Einbindung in den Prozeß der Entfaltung der nationalsozialistischen Diktatur wie in den Gang der internationalen Beziehungen dieser Jahre machten Auswahl und Beschränkung unumgänglich. Die Konzentration auf die „wichtigen" Vorgänge, auf Wendepunkte und Marksteine dieser Entwicklung, auf die zentralen, den Gang der nationalsozialistischen Außenpolitik bestimmenden Entscheidungen der politischen Spitze in Berlin barg die Gefahr, die Vielschichtigkeit der auswärtigen Beziehungen des Dritten Reiches zu verzeichnen und das Neben- und Ineinander von Normalem und Außergewöhnlichem, von diplomatischem Alltag und „großer Politik" nicht genügend zu würdigen. Ungeachtet dessen ließ die Fülle des Stoffes wie der Zwang, eine Auswahl unter den zu behandelnden Problemkomplexen zu treffen, es geboten erscheinen, den „großen" außenpolitischen Vorgängen den Vorrang zu geben, waren sie es doch, die Charakter und Verlauf der nationalsozialistischen Außenpolitik prägten. Diese Gewichtung bestimmt die Konzeption des Bandes.

Die Darstellung beschränkt sich strikt darauf, die nationalsozialistische Außenpolitik nachzuzeichnen, und berührt in dem enzyklopädischen Überblick wie in der Erörterung der Grundprobleme und Tendenzen der Forschung darüber hinausgehende Fragen nur, soweit sie für das engere Thema unmittelbar relevant sind. Überlegungen zum Wesen des nationalsozialistischen Herrschaftssystems und zu seiner typologischen Bestimmung und Einordnung sind dem Parallelband in dieser Reihe vorbehalten. Diese Einschränkung gilt auch hinsichtlich der Politik der anderen europäischen und außereuropäischen Staaten wie generell der Entwicklung des internationalen Systems in den 1930er und 1940er Jahren. Angesichts der thematischen Festlegung wie der räumlichen Begrenzung dieses Bandes konnte diese Dimension, so notwendig sie zum Verständnis des Handlungsspielraums und der Aktionsformen der nationalsozialistischen Außenpolitik auch ist, nur begrenzt berücksichtigt werden. Auch hier gebieten die Vorgaben des Gesamtwerks die Konzentration auf die deutsche Seite. Mein herzlicher Dank gilt den Herausgebern der Reihe, in der dieses Buch erscheint. Ihre Anregungen und ihre Kritik waren eine wichtige Hilfe bei seiner Abfassung. In besonderem Maße sind hier Herr Professor Dr. Klaus Hildebrand und Herr Professor Dr. Lothar Gall zu nennen, deren Rat und Unterstützung der Darstellung auf vielfältige Weise zugute gekommen sind. Einschließen in diesen Dank möchte ich auch meine Mitarbeiterinnen und Mitarbeiter an den Universitäten Münster/Westf., Frankfurt am Main und Bayreuth, die mir bei der Beschaffung und Auswertung der umfangreichen Literatur wie bei der Erstellung des Manuskripts behilflich gewesen sind. Und nicht zuletzt habe ich für die engagierte und sorgfältige Betreuung des Buches durch den Oldenbourg Verlag zu danken.

Osnabrück, im Januar 1989   Marie-Luise Recker

Vorwort zur 2. Auflage

Die hiermit vorgelegte 2. Auflage ist um eine Darlegung der Tendenzen der Forschung in den letzten zwei Jahrzehnten sowie um einen Nachtrag zur seit 1990 erschienenen Literatur ergänzt worden. Der darstellende Teil blieb unverändert, da sich wesentliche neue Erkenntnisse zur Außenpolitik des Dritten Reiches nicht ergeben haben, ergänzende Sachverhalte und differenzierende Wertungen aber in die Betrachtung des Fortgangs der Forschung mit einbezogen werden konnten. Gerade hinsichtlich der letzteren Frage, also der Beurteilung der nationalsozialistischen Außenpolitik und ihrer Einordnung in den größeren Kontext der internationalen Mächtebeziehungen, sind die produktivsten neuen Ansätze zu verzeichnen.

Frankfurt am Main, im Juni 2009   Marie-Luise Recker

I. Enzyklopädischer Überblick

1. Die Anfänge der nationalsozialistischen Außenpolitik (1933–1935)

Der 30. Januar 1933 markiert einen wichtigen Einschnitt in der Geschichte des Deutschen Reiches. An diesem Tag wurde mit der Bildung der Regierung der „nationalen Konzentration" ein Mann zum Reichskanzler ernannt, dessen politische Absichten, wie er sie bis dahin bei verschiedenen Anlässen dargelegt hatte, Substanz und Charakter, Wesen und Form, Bestimmungsort und Richtung der deutschen Politik entscheidend verändern mußten. Dies galt nicht zuletzt für die Außenpolitik, in der die Ziele des neuen Regierungschefs räumlich, machtpolitisch und ideologisch weit über das hinauswiesen, was die Weimarer Außenpolitik in dieser Hinsicht bestimmt hatte. Nationalsozialisti-
sche „Macht-
ergreifung"

Für den zeitgenössischen Beobachter im In- und Ausland war diese Zäsur jedoch nicht so offenkundig und eindeutig, wie sie aus späterer Sicht erscheint. Gewiß, die politischen Aussagen des neuen Reichskanzlers, so wie er sie in „Mein Kampf", bei Wahlkampfauftritten oder anderen Gelegenheiten verkündet hatte, waren vielfach mit Besorgnis und Unruhe registriert worden. Allerdings schien die Stellung der Nationalsozialisten im neuen Kabinett – trotz Hitlers Kanzlerschaft – nicht sehr stark zu sein, da sie von einer Überzahl konservativer Bündnispartner „eingerahmt" und damit offenbar in ihrem Bewegungsspielraum stark eingeengt waren. Daher sahen manche Beobachter in der neuen Koalition nur ein schwaches Bündnis auf Zeit, aus dessen Mitte bald die wahren Machthaber, nämlich die Reichswehr oder auch die nationale Rechte um Alfred Hugenberg, offen in den Vordergrund treten würden.

Dies war, insgesamt gesehen, auch die Meinung in vielen Nachbarstaaten des Deutschen Reiches. In London und Paris und auch in anderen europäischen und außereuropäischen Hauptstädten waren der Aufstieg der NSDAP und auch die außenpolitischen Ziele der Partei mit Besorgnis beobachtet worden. Dennoch vermochte man im allgemeinen in dem neuen Kabinett Hitler-Papen Stimmen des Aus-
lands zu Hitlers
Kanzlerschaft keine gefährliche Bedrohung der eigenen Sicherheit zu erkennen, vielmehr galt die Aufmerksamkeit zunächst eher den innenpolitischen Vorgängen, also der Unterminierung der Grundlagen liberaler Freiheiten, der Ausschaltung der Parteien, der Zunahme politischer Gewalt sowie dem Beginn antijüdischer Maßnahmen, während es im außenpolitischen Bereich so schien, als habe der neue Kanzler seinen früher geäußerten Zielvorstellungen abgeschworen bzw. als werde er von den traditionellen Kräften im Auswärtigen Amt dominiert.

Ohne Zweifel läßt sich die Tatsache, daß für die deutsche Außenpolitik das Jahr 1933 im In- und Ausland nicht als der Einschnitt gesehen wurde, der ihm aus späterer Sicht zukommt, ganz wesentlich daraus erklären, daß auf ausdrücklichen Wunsch Hindenburgs der bisherige Außenminister, von Neurath, ebenso wie sein Staatssekretär, von Bülow, weiter im Amt geblieben waren. Gerade von Neurath gehörte zu denjenigen, die gemäß dem „Zähmungs"-Konzept Hitler und die anderen Nationalsozialisten im Kabinett „einrahmen" und durch ihre Überzahl neutralisieren sollten. In diesem Sinne setzte der Außenminister, gestützt auf das besondere Vertrauen des Reichspräsidenten, darauf, die bisherige Linie fortführen und die deutsche Außenpolitik vor unkalkulierbaren Risiken bewahren zu können.

Die künftige politische Strategie des Auswärtigen Amtes, wie sie in diesen Wochen entwickelt wurde, knüpfte an die zuvor von den Präsidialkabinetten verfolgte Leitlinie einer nationalen Revisions- und Großmachtpolitik an und verstand sich als „Konzept der traditionellen politischen Führungsschicht Deutschlands" [114: G. WOLLSTEIN, Denkschrift, 78] zur Durchsetzung der außenpolitischen Vorhaben, die sich der neuen, „nationalen" Zielen anscheinend besonders verpflichteten Regierung stellten. Dies reichte von der finanziellen, wirtschaftlichen und militärischen Stärkung des Reiches über territoriale Revisionen, insbesondere an der Ostgrenze, die die Verluste des Versailler Vertrags kompensieren sollten, bis zum „Anschluß" Österreichs und zur Rückerwerbung der früheren deutschen Kolonien bzw. zur Erwerbung „eventueller neuer Kolonien". Orientierungs- und Zielpunkt war also – verkürzt gesprochen – die außenpolitische Stellung, die das Kaiserreich vor 1914 gehabt hatte, wobei nun der Handlungsspielraum des Deutschen Reiches durch den Ausfall Rußlands als Machtfaktor und durch den Untergang der Doppelmonarchie noch erweitert und seine Position im ostmitteleuropäischen Raum gestärkt würden.

Politische Linie des
Auswärtigen Amtes

Seine eigene außenpolitische Linie hatte Hitler bereits am 3. Februar 1933 vor hohen Repräsentanten der Reichswehr verdeutlicht. Unverhohlen hatte er von seinem Vorsatz der „Eroberung neuen Lebensraums im Osten" und dessen „rücksichtslose[r] Germanisierung" [21: Ursachen und Folgen, Bd. X, 114] gesprochen. Diese Zielsetzung wollte er in mehreren Stufen verwirklichen. Zuerst sollte Deutschland im Inneren in nationalsozialistischem Sinne umgestaltet werden, und diesen Prozeß hoffte er durch die Fortführung der bisherigen außenpolitischen Linie abschirmen zu können. Dann sollte die deutsche Großmachtstellung in Europa wiedererlangt werden, begleitet vom „Aufbau der Wehrmacht" und von weiteren Schritten zur Revision des Versailler Vertrags. Als dritte Stufe sollte dann der Einsatz des militärischen Potentials folgen im Sinne der erwähnten Eroberung von „Lebensraum" im Osten.

Damit hatte der neue Reichskanzler seine kurz- und langfristigen außenpolitischen Vorhaben mit bemerkenswerter Offenheit dargelegt, wenn auch in Worten, die die „eigentlichen" Fernziele eher verschleierten. Diese Ausführungen zeigen, daß Hitler auch nach der „Machtergreifung" sein bisheriges politisches „Programm", so wie er es in seinen in den 1920er Jahren entstandenen Schriften entworfen hatte, nicht aufgegeben hatte, sondern es im Gegenteil zum Leitfaden der deutschen Innen- und Außenpolitik machen wollte. Kernpunkte waren die Eroberung von „Lebensraum" im Osten Europas und die „rassische" Umgestaltung des deutschen Machtbereiches. Der Weg zu diesem Ziel sollte über ein Bündnis mit Großbritannien und Italien gehen; in dessen Windschatten sollten dann die (östlichen und westlichen) Nachbarstaaten des Dritten Reiches niedergeworfen oder zumindest unter deutsche Kontrolle gebracht werden, um so den Ausgangspunkt für die militärische Wende gegen die Sowjetunion zu schaffen. Ihre Zerschlagung und die Vernichtung des „jüdischen Bolschewismus" waren die Kerngedanken dieses außenpolitischen Ansatzes.

Mit Hitlers Rede vor den Spitzen der Reichswehr und mit den oben angesprochenen Überlegungen des Auswärtigen Amtes lagen zwei Konzepte vor, die sich in ihrer Zielsetzung allerdings deutlich voneinander unterschieden. Beide waren für die Anfangsphase der nationalsozialistischen Außenpolitik konstitutiv und prägten sie in unterschiedlicher Weise. Hierfür war zunächst einmal ausschlaggebend, daß der neue Reichskanzler auf die Zustimmung und Mitarbeit seiner konservativen Bündnispartner angewiesen war und auf deren politische Vorstellungen Rücksicht zu nehmen hatte. In der

Marginalien:
Hitlers Rede vom 3.2.1933

Hitlers „Programm"

Neue Akzente in der Außenpolitik

Forderung nach forcierter Revision des Versailler Vertrags und nach der Wiedererlangung der deutschen Großmachtposition trafen sich führende Vertreter der Ministerialbürokratie, der Reichswehr, der Wirtschaft sowie weite Kreise der Öffentlichkeit; ihr Einverständnis war ein wichtiges Element zur Stabilisierung des neuen nationalsozialistisch-konservativen Bündnisses, und der Beifall, den die ersten außenpolitischen Schritte des Dritten Reiches fanden, konnte als Zeichen für die allgemeine Akzeptanz des neuen Regimes gewertet und gegenüber dem Ausland ins Feld geführt werden. Daß die deutsche Außenpolitik in der Anfangsphase des Dritten Reiches auf eher traditionelle Revisionsforderungen ausgerichtet war, hatte in diesem Sinne auch eine nicht zu unterschätzende innenpolitische Funktion.

Als wichtiger noch und für den Verlauf der deutschen Außenpolitik charakteristischer muß aber die Tatsache gewertet werden, daß die beiden genannten Strategien in den Nahzielen miteinander korrespondierten und daß diese (Teil-)Identität die unterschiedlichen Endziele überdecken konnte. Die Wiedererlangung der vollen außenpolitischen Handlungsfähigkeit, d. h. die Abschüttelung der finanziellen und militärischen Restriktionen des Versailler Vertrags, der Aufbau einer schlagkräftigen Armee sowie die Rückgewinnung der nach dem Ersten Weltkrieg verlorenen Gebiete – dies war für beide Teile die Voraussetzung, um die langfristigen außenpolitischen Ziele verwirklichen zu können, so daß diese Kongruenz der ersten Schritte die spätere Trennung der Wege noch nicht sichtbar werden ließ. Trotz mancher Unterschiede im Detail und trotz – wie sich zeigen sollte – z. T. abweichender Lagebeurteilungen war es den „Traditionalisten" kaum bewußt, daß Hitlers Zielsetzung der ihren widersprach, ja, daß er ihre Zustimmung bzw. Mitarbeit in der Außenpolitik als Schirm nutzen wollte, hinter der sich seine Absichten vorerst verbergen ließen.

Zunächst einmal war der neue Reichskanzler zusammen mit seinen konservativen Bündnispartnern darum bemüht, die Vorbehalte des Auslands gegen das Kabinett Hitler-Papen abzubauen und damit der Gefahr einer Isolierung des Reiches vorzubeugen sowie eine gegen Deutschland gerichtete Mächtekonstellation zu verhindern. Dem dienten die mehrfach wiederholten Bekundungen der friedlichen Absichten der neuen Regierung, wenn auch häufig verbunden mit der Forderung, die Gleichberechtigung Deutschlands anzuerkennen. In dem Bemühen, weitere Bestimmungen des Versailler Vertrags zu revidieren, lag dann der zweite Ansatzpunkt der

Revision des Versailler Vertrags

Hitlers „Friedens"-Reden

deutschen Außenpolitik. Die Aussichten auf Erfolge waren hier nicht ungünstig. Insgesamt profitierte Hitler zu Beginn seiner Kanzlerschaft davon, daß mit der „Doppelkrise des Weltwirtschafts- und Weltstaatensystems" [G. SCHMIDT, Allgemeine Einführung, in: 59: K. ROHE (Hrsg.), Westmächte, 12] die seit den 1920er Jahren bestehenden Verhältnisse in Bewegung geraten waren und die Reichsregierung hierdurch größeren Handlungsspielraum gewonnen hatte. Nachdem die deutschen Reparationsverpflichtungen auf der Lausanner Konferenz im Juni/Juli 1932 de facto gestrichen worden waren, stand nun die Aufhebung der militärischen Restriktionen des Versailler Vertrags an der Spitze der deutschen Wunschliste. Auch hier war dem Deutschen Reich bereits im Dezember 1932 die Gleichberechtigung im Rüstungsbereich grundsätzlich zugesagt worden; Einzelheiten sollten nun auf einer weiteren Abrüstungskonferenz erörtert werden. Als in den Verhandlungen deutlich wurde, daß die Westmächte die deutschen Forderungen nach „tatsächlicher Gleichberechtigung" nicht akzeptieren würden, entschloß sich die Regierung in Berlin, die Konferenz zu verlassen und gleichzeitig Deutschlands Austritt aus dem Völkerbund zu verkünden. Dies geschah am 14. Oktober 1933.

Austritt aus dem Völkerbund

Während dieser Schritt das Deutsche Reich zumindest für den Augenblick außenpolitisch isolierte, war ihm kurz zuvor ein Vertragsabschluß gelungen, der seine internationale Stellung deutlich aufzubessern versprach, nämlich das Konkordat mit dem Vatikan am 20. Juli 1933. Mit ihm konnte das nationalsozialistische Regime einen Erfolg verbuchen, den die Regierungen der Weimarer Republik vergeblich gesucht hatten. Wenn auch der eigentliche Nutzen dieses Ereignisses für Hitler wohl eher im innenpolitischen Bereich zu suchen ist, so war der Abschluß eines solchen Vertrags gerade mit dem Vatikan, der mit seiner moralischen Autorität das neue Regime in Deutschland diplomatisch aufwertete, ein wichtiger außenpolitischer Erfolg. Er brachte dem Dritten Reich internationale Anerkennung und Beifall.

Konkordat

Ist bisher auf die Gleichartigkeit und Gleichgerichtetheit der außenpolitischen Zielsetzung Hitlers und seiner konservativen Koalitionspartner hingewiesen worden, so bahnte sich doch bereits 1933 ein Konflikt an, der dann schon bald in einen überraschenden Bündniswechsel mündete, nämlich in den deutsch-polnischen Nichtangriffspakt vom 26. Januar 1934. Zunächst war Hitler dem prosowjetischen, antipolnischen Kurs seines Außenministers gefolgt; die Reichsregierung hatte am 5. Mai 1933 die bereits vom Kabinett Brüning initiierte Verlängerung des Berliner Vertrags mit der Sowjetunion ratifiziert und damit ein deutliches Zeichen in dieser Richtung gesetzt. Schon bald jedoch mehrten sich die Indizien, daß der neue Reichskanzler einen Partnerwechsel und eine neue Stoßrichtung der deutschen Ostpolitik anstrebte. Allerdings erwiesen sich die Verhandlungen mit Polen zunächst als schwierig, da die deutsche Seite jeder Festlegung in Grenzfragen ausweichen wollte und auch gehofft hatte, die Bindungen Warschaus an Paris lockern zu können. Als sich zeigte, daß dies nicht erreichbar war, einigten

Deutsch-polnisches Nichtangriffs-abkommen

sich beide Teile aber relativ rasch auf einen auf zehn Jahre befristeten Nichtangriffspakt, der dann am 26. Januar 1934 unterzeichnet wurde.

Mit diesem Abkommen hatte Hitler einen deutlichen Erfolg errungen. Nicht nur war die französische Klammer durchstoßen und der wichtigste Stein aus dem „cordon sanitaire" herausgebrochen, sondern der Vertrag war auch geeignet, die außenpolitische Isolierung des Reiches nach dem Austritt aus dem Völkerbund zu durchbrechen und dem neuen Prinzip bilateraler Abkommen Geltung zu verschaffen, das die Reichsregierung an die Stelle multilateraler Bindungen zu setzen bestrebt war. Vor allem aber begünstigte es im europäischen Ausland die Werbekraft der Formel von den „friedlichen" Absichten Hitlers, war es diesem doch offenbar gelungen, gegen den Widerspruch der bisherigen außenpolitischen Akteure das deutsch-polnische Verhältnis zu entschärfen und mit dem bisherigen Widerpart zu einem gutnachbarlichen Nebeneinander zu kommen.

Hatte Hitler bei seinem ostpolitischen Neuansatz seine eigenen Vorstellungen nahezu ungeschmälert durchsetzen können, so hatte

Haltung gegenüber Österreich

es den Anschein, als ob ihm bei dem nächsten außenpolitischen Manöver, nämlich dem Versuch, den „Anschluß" Österreichs an das Reich zu vollziehen, die Fäden aus der Hand geglitten seien und er die Kontrolle über den außenpolitischen Entscheidungsprozeß zu verlieren drohe. Der Gedanke des „Anschlusses" war ja nicht neu, doch erhielt er mit der „Machtergreifung" eine neue Dimension, da die Nationalsozialisten in Österreich nun Morgenluft witterten und darauf setzten, den Erfolg der Schwesterpartei zu wiederholen. Hitler selbst schien, da der außenpolitische Weg angesichts der Vetoposition der Westmächte bis auf weiteres versperrt war, auf eine innenpolitische Lösung zu setzen, also auf die Beteiligung der österreichischen Nationalsozialisten an der Regierung und auf die innere Gleichschaltung des Landes ohne äußeren „Anschluß".

Dies jedoch schlug schließlich fehl; weder konnte der Anspruch auf Teilhabe an der Macht in die Tat umgesetzt werden noch hatte ein am 25. Juli 1934 von der österreichischen Parteiführung der Nationalsozialisten inszenierter Putsch, bei dem Bundeskanzler Dollfuß ermordet wurde, den erhofften Erfolg. Im Gegenteil, auf die Nachricht von den Vorgängen in Wien hin ließ Mussolini Truppen am Brenner aufmarschieren und betonte damit seine Ansprüche auf Mitsprache hinsichtlich der Zukunft der Alpenrepublik. Dies war für Hitler ein schwerer außenpolitischer Rückschlag. Er führte ihm die Wachsamkeit der europäischen Mächte und damit die Begrenztheit seines eigenen Handlungsspielraums drastisch vor Augen, er zeigte aber auch, daß der Einsatz der NSDAP und ihrer Funktionsträger für außenpolitische Aktionen die Gefahr in sich barg, eine eigene Dynamik zu entwickeln und der Kontrolle des „Führers" zu entgleiten. Dies bewog ihn, von ähnlichen Operationen bis auf weiteres abzusehen.

Putschversuch der Nationalsozialisten in Österreich

Die außenpolitischen Aktionen der neuen Regierung der „nationalen Konzentration", angefangen vom Auftreten auf der Londoner Weltwirtschaftskonferenz im Juni 1933 über den Rückzug von den Abrüstungsverhandlungen und den Austritt aus dem Völkerbund im Herbst desselben Jahres bis zum gescheiterten Putschversuch in Österreich, waren zwar in den Augen der anderen europäischen Mächte deutliche Wegmarken dafür, daß die politische Führung in Berlin den Revisionskurs verschärft hatte, doch konnten sie sich nicht auf konkrete gemeinsame Schritte zur Abwehr der deutschen Herausforderung und zur Stabilisierung der europäischen Ordnung verständigen. Weder ein entsprechender Ansatz des französischen Außenministers im Sinne „eine[r] die Westmächte und die Sowjetunion zusammenführende[n] Lösung" [208: K. HILDEBRAND, Krieg im Frieden, 13] noch andere Überlegungen und Versuche fanden die Resonanz, die sie benötigt hätten, um weitere Revisions- oder Expansionsschritte Berlins in Zukunft zu unterbinden. Zwar blieb die Außenpolitik des Dritten Reiches auch in der nächsten Zeit immer unter der Drohung, daß die anderen europäischen Mächte sich zusammenschließen und damit den deutschen Handlungsspielraum einschränken würden, doch verhinderten die z.T. divergierenden Interessen, Einschätzungen und Lösungsansätze in London, Paris und Rom letztlich ein gemeinsames Vorgehen.

Reaktion des Auslands

Bei der „Heimkehr" des Saarlandes kam dies allerdings noch nicht zum Tragen. Die Rückgliederung dieses Gebietes nach einer

Rückgliederung der Saar

Volksabstimmung am 13. Januar 1935, bei der sich 91% der Wähler für die Wiedervereinigung ihrer Heimat mit dem Reich ausgesprochen hatten, fiel der deutschen Regierung gleichsam wie eine reife Frucht in den Schoß. Beim nächsten revisionspolitischen Schritt Berlins, der Wiedereinführung der allgemeinen Wehrpflicht am 16. März 1935, wurde dann jedoch der Vorsatz der anderen europäischen Mächte deutlich, weitere Veränderungen des Status quo nicht tatenlos hinzunehmen. Mit diesem ersten der zahlreichen „Wochenendcoups", mit denen Hitler in den folgenden Jahren die europäischen Staaten überraschen und vor vollendete Tatsachen stellen sollte, wurde die wichtigste der militärischen Bestimmungen des Versailler Vertrags, nämlich die Begrenzung der Armee auf 100.000 Mann, einseitig aufgehoben und die zukünftige Friedenspräsenzstärke der neuen Wehrmacht auf 550.000 Mann festgelegt.

Wiedereinführung der allgemeinen Wehrpflicht

Die Signatarmächte des Friedensvertrages mußten dies nicht nur als einen Affront, sondern auch als eine ernste Beeinträchtigung ihrer eigenen Sicherheit sehen, hatten die entsprechenden Klauseln auf der Pariser Konferenz doch als Garantie gegen einen erneuten deutschen Anlauf zur europäischen Hegemonie gegolten. Zudem hatten auch die bisherigen verdeckten deutschen Aufrüstungsmaßnahmen, die nicht geheim geblieben waren, Öffentlichkeit und Regierung in den anderen europäischen Ländern beunruhigt. Vor diesem Hintergrund vereinbarten die Regierungschefs Frankreichs, Italiens und Großbritanniens auf einer Konferenz in Stresa vom 11. bis 14. April 1935, sich in Zukunft „mit allen geeigneten Mitteln jeder einseitigen Aufkündigung von Verträgen zu widersetzen" [21: Ursachen und Folgen, Bd. X, 334] und damit den Handlungsspielraum Berlins ganz entscheidend einzuengen. Allerdings erwies sich die „Stresa-Front" nicht als Bollwerk zur Verhinderung weiterer deutscher Revisionsschritte, im Gegenteil, sie war von Anfang an brüchig und fiel schon bald auf Grund der divergierenden Interessen der Partner auseinander. Zum einen wurde Mussolinis Abessinien-Abenteuer zu einer Klippe, an der die Solidarität der Stresa-Partner zerbrach, zum anderen scherte auch Großbritannien aus dieser Front aus, als die deutsche Seite London ein bilaterales Abkommen zur Begrenzung der Flottenrüstung vorschlug, also zum ersten Mal seit dem Januar 1933 das Angebot einer einvernehmlichen, nicht einseitigen Fixierung deutscher Wünsche vorlegte.

„Stresafront"

Aus deutscher Sicht war die britische Regierung der wichtigste Gegenspieler in allen Fragen einer Revision des Versailler Vertrags; nach dem machtpolitischen Bedeutungsverlust Frankreichs seit Be-

Großbritannien und die deutsche Außenpolitik

ginn des Jahrzehnts schien der Schlüssel für Erfolg oder Mißerfolg entsprechender Vorstöße Berlins an der Themse zu liegen. Aus diesem Grund hatte insbesondere das Auswärtige Amt sich immer wieder bemüht, ein Einverständnis mit Whitehall zu erreichen in der Hoffnung, damit auch Frankreich zu Konzessionen zu bewegen. Und auch für Hitler war ein Bündnis mit Großbritannien der Eckpfeiler seines außenpolitischen „Programms", hoffte er doch, durch das Angebot einer Teilung der Interessensphären selbst „freie Hand" im Osten des Kontinents zu erhalten. Hierfür wollte er im Gegenzug auf Flotten- oder Kolonialforderungen verzichten und somit London den Weg zur Wahrung und zum Ausbau seiner imperialen Position in Übersee ebnen.

Vor dem Hintergrund dieser Zielvorstellungen nahmen dann beide Regierungen Ende 1934 in London bilaterale Gespräche über eine Begrenzung der deutschen Flottenrüstung auf, in die die britische Seite schließlich eingewilligt hatte in der Hoffnung, hierdurch eine einseitige deutsche Aktion abzuwehren. Da Hitler der traditionellen Diplomatie die Verwirklichung seiner Idee eines Bündnisses mit Großbritannien nicht zutraute, ernannte er Mitte April 1935 Joachim von Ribbentrop, bisher schon Abrüstungsbevollmächtigter der Reichsregierung, zum Sonderbotschafter mit dem Auftrag, die anstehenden Flottenverhandlungen zu führen. Diese Aufgabe konnte Ribbentrop auch bald zu einem positiven Abschluß bringen. Trotz mancher Irritationen auf britischer Seite über die Art der deutschen Verhandlungsführung gelang es ihm, die Ergebnisse am 18. Juni 1935 in einem entsprechenden Notenwechsel festzuhalten. Hiernach sollte die deutsche Marine in Zukunft eine Kapazität von maximal 35% der Tonnage der englischen Seestreitkräfte erhalten, während bei U-Booten diese Relation auf 45 : 100 festgelegt wurde.

Deutsch-britisches Flottenabkommen

Mit diesem Abkommen hatte die deutsche Seite einen großen Erfolg erzielt. Das Einvernehmen der „Stresa"-Partner war zerbrochen oder doch zumindest gestört und ein weiterer Schritt getan, um die Bestimmungen des Versailler Vertrags zu überwinden, die bisher die deutsche Handlungsfreiheit beschränkt hatten. Vor allem aber schien sich in Hitlers Sicht das Bündniswerben um England auszuzahlen; die soeben erreichte Übereinkunft ließ seine Zuversicht wachsen, daß London auch sein Angebot, die Interessensphären zu teilen, akzeptieren würde. In diesem Sinne soll er den 18. Juni 1935 als den bisher „glücklichsten Tag" seines Lebens bezeichnet haben. Daß jede Seite die Interessen und Absichten der anderen falsch einschätzte, zeigte sich erst später.

2. Die Erweiterung des außenpolitischen Handlungsspielraums (1935–1937)

Zwei Ereignisse waren es, die 1935/36 den außenpolitischen Handlungsspielraum der nationalsozialistischen Führung zu erweitern halfen, nämlich der Abessinien-Krieg und der Spanische Bürgerkrieg; beide sprengten die Front der Westmächte und führten Italien schließlich näher an das Deutsche Reich heran. Durch Musolinis Ausgreifen nach Afrika kamen die beiden Westmächte in eine Zwickmühle: Sie mußten sich entscheiden, ob sie diesen Schritt ihres Stresa-Partners billigen oder ob sie das Prinzip der kollektiven Sicherheit (hier zugunsten des Völkerbundsmitglieds Abessinien) aufrechterhalten wollten, konnten aber nicht zu einer einheitlichen Linie finden. Das Ergebnis waren wachsende Mißverständnisse zwischen London und Paris, ein halbherziger Kurs der Proteste und Sanktionen seitens des Völkerbunds sowie eine deutliche Entfremdung zwischen den Westmächten und Italien, das seinen Kolonialkrieg allen Widerständen zum Trotz fortsetzte und im Mai 1936 schließlich mit der Annexion des Landes erfolgreich abschloß. Gleichzeitig begann der „Duce", sich auf einen neuen Partner, das Dritte Reich, umzuorientieren, da ein solches Bündnis geeignet schien, eine weitere Ausdehnung Italiens an der Adria oder in Nordafrika zu erleichtern.

Der Abessinien-Krieg und seine Begleiterscheinungen boten in der Sicht Hitlers vielfältige Vorteile für das Deutsche Reich und seine internationale Position: er begünstigte eine Annäherung zwischen Deutschland und Italien, er zog das Interesse des „Duce" von der Brennergrenze und vom Donauraum ab hin zum Mittelmeer und nach Afrika, und er war – nach dem Mandschurei-Konflikt von 1931 – eine weitere empfindliche Niederlage für den Völkerbund und für das Prinzip der kollektiven Sicherheit. Die Waffe wirtschaftlicher, geschweige denn militärischer Sanktionen hatte sich als stumpf erwiesen und konnte in Zukunft auch für Berlin keine abschreckende Wirkung mehr haben. Insgesamt war die deutsche Politik darauf aus, den Krieg in Abessinien sich einfressen zu lassen. Dem dienten die deutschen Hilfslieferungen, die nach der Verhängung wirtschaftlicher Sanktionen seitens des Völkerbunds die italienische Kriegführung unterstützen sollten und die ausreichten, eine Niederlage Mussolinis zu verhindern, nicht aber, ihm zu einem raschen Sieg zu verhelfen. Dem dienten aber auch heimliche Waffenlieferungen an die abessinische Regierung, die offenkundig machen,

(Randnotizen:) Abessinienkrieg

Deutsch-italienische Annäherung

daß Hitler an einer Fortsetzung des Konflikts interessiert war, bot er ihm doch vielfältigen politischen Nutzen. Solche Vorteile bezogen sich zunächst einmal auf Österreich. Als der „Duce" auf dem Höhepunkt der abessinischen Krise den Regierungen in London und Paris drohte, er werde seine Truppen von der Brennergrenze zurückziehen, war dies vor allem als Warnung gedacht, sich seinen Plänen nicht in den Weg zu stellen, doch markierte es gleichzeitig den Anfang einer Umorientierung seiner Österreich-Politik. Nicht zuletzt in Anerkennung der deutschen materiellen Hilfe in den vergangenen Monaten ließ er erkennen, daß die Bewahrung der staatlichen Existenz der Alpenrepublik für ihn zwar noch immer ein zentrales politisches Ziel war, daß er sich aber einer inneren und äußeren Anlehnung Wiens an Berlin nicht länger in den Weg stellen würde. Damit war der Weg geebnet zum deutsch-österreichischen Abkommen vom 11. Juli 1936. Hierbei verpflichtete sich die Reichsregierung, die Unabhängigkeit des Nachbarstaates zu respektieren, während die Wiener Regierung zusagte, sie werde angesichts der Tatsache, „daß Österreich sich als deutscher Staat bekennt", in Zukunft eine an den deutschen Interessen ausgerichtete Außenpolitik betreiben und auch die „nationale Opposition" im Lande „zur Mitwirkung an der politischen Verantwortung heran...ziehen" [21: Ursachen und Folgen, Bd. XI, 592]. Damit war der „Anschluß" im Sinne weitgehender innen- wie außenpolitischer „Gleichschaltung" zu einem guten Teil verwirklicht. *(Deutsch-österreichisches Abkommen)*

Wichtiger noch waren jedoch die Vorteile, die Hitler aus dem Abessinien-Krieg im Sinne der Sprengung der „Fesseln" des Versailler Vertrags zu ziehen verstand. Hier galt insbesondere die Entmilitarisierung des Rheinlandes, im Locarno-Vertrag 1925 noch einmal bekräftigt, als Hindernis für eine Erweiterung des deutschen außenpolitischen Handlungsspielraums. Solange das Reich dort weder Truppen stationieren noch Befestigungen bauen durfte, besaß Frankreich jederzeit die Möglichkeit, etwaige Revisions- oder Expansionsschritte Berlins mit der Besetzung von Brückenköpfen jenseits des Rheins oder mit weitergehenden Aktionen zu beantworten. Deshalb galt für Hitler die Wiederherstellung der deutschen „Wehrhoheit" auch in diesem Gebiet als wichtiges nächstes Revisionsziel. *(Einmarsch in das Rheinland)*

Mussolini, dem es durchaus gelegen kam, daß die Weltöffentlichkeit von seinem Kolonialkrieg abgelenkt wurde, hatte auf erste Sondierungen der deutschen Seite im Frühjahr 1936 hin erkennen lassen, daß Italien als Garantiemacht der Locarno-Verträge sich einem deutschen Einmarsch ins Rheinland nicht widersetzen würde.

Diese Zusicherung wie die Fixierung der Westmächte auf den abessinischen Kriegsschauplatz nutzte die Reichsregierung dann aus und ließ am 7. März 1936 in einem Überraschungscoup ca. 30.000 Mann in die entmilitarisierte Zone einmarschieren. Damit hatte Hitler einen neuen außenpolitischen Erfolg errungen. Die Remilitarisierung des Rheinlandes bot einen wirksamen Flankenschutz vor einem französischen Vergeltungsschlag, wenn Berlin sich anschicken würde, seine östlichen Grenznachbarn politisch oder militärisch unter Druck zu setzen. Das ostmitteleuropäische Bündnissystem Frankreichs war mit dem deutschen Schritt deutlich entwertet worden, da Paris praktisch keine Möglichkeit mehr besaß, seinen Vertragspartnern schnelle und unmittelbare Unterstützung gegen entsprechende Maßnahmen des Reiches zu gewähren. Eine gewisse Umorientierung der Staaten in dieser Region auf Berlin war auf längere Sicht ein weiteres Ergebnis der deutschen Aktion.

Auswirkungen auf die ostmitteleuropäischen Staaten

Für den deutschen Diktator hatte die Passivität der Westmächte, die diese Vertragsverletzung lediglich mit verbalen Protesten und einer Verurteilung des deutschen Vorgehens durch den Völkerbund beantworteten, noch eine darüber hinausgehende Bedeutung. Sie konnte der Interpretation Vorschub leisten, daß Großbritannien auf sein Bündnisangebot einzugehen und ihm „freie Hand im Osten" zu gewähren beabsichtigte, daß es zumindest seine Sicherheitszone als nicht über den Rhein hinausgehend definieren würde. Falls sich dies als falsch erwies, konnte die (in Hitlers Augen) schwächliche Reaktion in London und Paris aber immerhin dahingehend ausgelegt werden, daß sich die „dekadenten" Demokratien auch im Falle weiterer Expansionsschritte des Reiches nicht zu militärischen Gegenmaßnahmen aufraffen würden. Im Sinne dieser Einschätzung begann er, seinen außenpolitischen Kurs zu überdenken und erste Maßnahmen zur militärischen Expansion über die deutschen Grenzen hinaus ins Auge zu fassen. Nur so sind die Anweisungen in seiner Denkschrift zum Vierjahresplan von Ende August 1936 zu verstehen, daß „die deutsche Armee ... in 4 Jahren einsatzfähig ..., die deutsche Wirtschaft ... in 4 Jahren kriegsfähig sein" müsse [21: Ursachen und Folgen, Bd. X, 536]. Damit war der weitere außenpolitische Kurs abgesteckt.

Denkschrift zum Vierjahresplan

War durch Mussolinis Abessinien-Krieg und seine Folgen die Gefahr eines Zusammengehens der Status-quo-Mächte abgewendet und somit der Handlungsspielraum des Deutschen Reiches erweitert worden, so verstärkte sich diese Tendenz noch mit dem Spanischen Bürgerkrieg. Auch hier bot sich aus deutscher Sicht die Möglichkeit, die Aufmerksamkeit der europäischen Staaten auf einen Konfliktherd an der Peripherie des Kontinents abzulenken, die Interessenkonflikte zwischen ihnen zu schüren und die Annäherung Italiens an das Reich zu vertiefen. In dieser Hinsicht bot die „spanische Arena" [115: H.-H. ABENDROTH] ähnliche Perspektiven wie zuvor der Abessinien-Krieg.

Spanischer Bürgerkrieg

Nicht weniger wichtig war die ideologische Dimension dieses Konflikts. Die Bildung von Volksfrontregierungen in Spanien und Frankreich beschwor in Hitlers Augen die Gefahr herauf, daß an der westlichen Flanke des Kontinents eine Kombination von Staaten entstand, die außenpolitisch in enger Anlehnung an die Sowjetunion agieren und damit dem Deutschen Reich die Rückenfreiheit nehmen würde, die es für den Erfolg seiner Expansionspolitik im Osten benötigte. Somit entschied er sich im Juli 1936, auf das Hilfeersuchen der Aufständischen in Spanien einzugehen. Dies führte in der nächsten Zeit zu einem wachsenden deutschen Engagement auf der Iberischen Halbinsel, womit sich Hitler an die Seite Mussolinis stellte, der Franco schon seit Kriegsbeginn unterstützt hatte. Diese gemeinsame Hilfeleistung vertiefte die sich bereits seit dem Abessinien-Krieg anbahnenden Kontakte zwischen Rom und Berlin und begünstigte die weitere Annäherung zwischen beiden Staaten.

Das deutsch-italienische Engagement in Spanien, das für den Sieg Francos schließlich entscheidend wurde, führte bündnispolitisch zur Bildung der „Achse Berlin-Rom", die Mussolini am 1. November 1936 in einer Rede in Mailand proklamierte. Aus italienischer Sicht war dies in erster Linie der Versuch, aus der Isolierung herauszukommen, in die das Land durch den Abessinien-Krieg geraten war, also größere Bewegungsfreiheit im Konzert der europäischen Mächte zu erlangen. Zudem hoffte der „Duce", durch eine demonstrative Beteuerung der Solidarität der beiden „faschistischen" Partner die eigene Position hinsichtlich Österreichs und des Balkanraums wieder stärken zu können. Allerdings überschätzte er den Wert dieser außenpolitischen Umorientierung; die „Achse" selbst engte den Handlungsspielraum Italiens eher ein, als daß es zum „peso determinante" – so der italienische Außenminister Dino Grandi – also zum Zünglein an der Waage zwischen Berlin und London/Paris geworden wäre. Und nicht zuletzt stärkte das gemeinsame Engagement in Spanien die Bindungen der beiden Achsenpartner aneinander und ließ die Abhängigkeit Italiens vom Deutschen Reich wachsen.

„Achse" Berlin–Rom

Aus Hitlers Sicht war die „Achse" zwar geeignet, das wach-

sende Gewicht der „faschistischen" Staaten zu demonstrieren, ein
Ersatz oder eine Alternative zu einem Bündnis mit London war dies
jedoch nicht. Der Vorteil dieses Paktes lag für ihn auch darin, ihn
als Druckmittel einsetzen zu können, um England durch die Perspektive einer Koordination des zentraleuropäischen und des mit-
telmeerischen Konfliktherdes zum Einlenken gegenüber den deutschen Offerten zu bringen. Darüber hinaus war die „Achse" dann
vor allem „der Spieß, an dem Österreich braun gebraten" [60: J. R.
v. SALIS, Weltgeschichte, Bd. 3, 594] werden sollte.

Im Gegensatz hierzu erblickte der neue deutsche Botschafter in
London, von Ribbentrop, in einem Bündnis mit Italien (und mit
weiteren Partnern) eine Alternative zu der Gewinnung Englands als
Juniorpartner des Deutschen Reiches. Seit dem erfolgreichen Abschluß des Flottenabkommens hatte Hitler in Ribbentrop einen will-
kommenen Vollstrecker seines außenpolitischen Ansatzes gesehen
und ihn anläßlich der Ernennung zum Botschafter ausdrücklich be-
auftragt, das erwünschte Bündnis mit England zustande zu bringen.
Dennoch war dem neuen deutschen Vertreter am Hof von St. James
kein Erfolg beschieden; wegen seines undiplomatischen Auftretens
und seines Mangels an Verständnis für die Grundlagen und Prinzipien englischer Außenpolitik fand er kein engeres Verhältnis zur
Londoner Regierung.

Die Erfahrung der vermeintlichen Feindseligkeit des Inselstaa-
tes veranlaßte Ribbentrop sogar, nach einem Alternativkonzept zu
suchen, das er schließlich in dem „weltpolitischen Dreieck" Berlin-
Rom-Tokio zu finden hoffte. Ohne Wissen und Beteiligung des Auswärtigen Amtes unternahm er schon bald vorbereitende Schritte auf
ein Bündnis mit Japan hin, die dann am 25. November 1936 in ein
Abkommen mündeten. Dieser Vertrag verpflichtete beide Teile zur
Bekämpfung der Kommunistischen Internationalen, so daß er die
Bezeichnung „Antikominternpakt" erhielt, und in einem geheimen
Zusatzprotokoll schrieb er jedem Partner wohlwollende Neutralität
im Falle eines militärischen Konflikts des anderen mit der UdSSR
vor. Diese antisowjetische Komponente stand in der außenpolitischen Propaganda der folgenden Jahre auch immer im Vordergrund.

Mit diesem Abkommen schien sich eine Zusammenarbeit zwischen den internationalen „Störenfrieden" anzubahnen. Formali-
siert wurde diese Kooperation, als Italien am 6. November 1937
dem „Antikominternpakt" beitrat, ein Schritt, der endgültig die
letztlich antibritische Stoßrichtung dieses Bündnissystems fest-

Margin notes:

Hitlers Haltung zur „Achse"

Ribbentrops außenpolitische Konzeption

„Antikomintern- pakt"

schrieb und von London aus auch so aufgefaßt wurde. Er ebnete
den Weg zu einer Koordination zwischen den drei großen internationalen Konfliktgebieten: dem europäischen Kontinent, dem Mittelmeerraum und dem Fernen Osten, die alle im Schnittpunkt der
außenpolitischen bzw. strategischen Interessen des britischen Empire lagen. In diesem Sinne war die antibritische Ausrichtung dieses
Bündnissystems machtpolitisch bedeutungsvoller als dessen anti-
kommunistische Fassade. Dies entsprach allerdings auch Ribbentrops Absichten bei der Konstruktion dieses „weltpolitischen Drei-
ecks".

Auch Hitler selbst unterzog zu dieser Zeit seine England-Politik   Veränderungen in
gewissen Veränderungen, die zwar nicht so weit gingen wie der dezi-   Hitlers England-
diert antibritische Kurs seines Botschafters in London und nachma-   politik
ligen Außenministers, die aber dennoch seine bisherigen Hoffnungen auf einen Interessenausgleich bzw. eine Juniorpartnerschaft
zwischen Berlin und London revidierten. Nachdem er bisher so wenig erfolgreich um den Inselstaat geworben hatte, rückte er von dem
bisher dominierenden Konzept „mit England" ab zu einem Kurs
„ohne England". Dieser enthielt zwar noch immer die Möglichkeit,
daß die britische Regierung einlenkte, doch war auch eine Distanz,
ja, gegebenenfalls sogar eine passive Gegnerschaft Londons einkal-
kuliert, ohne daß dies bereits in eine Haltung „gegen England"
[136: J. HENKE, England] umgeschlagen wäre. In diesem Sinne
suchte der „Führer" Whitehall zum einen durch weitere deutsche
(Revisions-)Forderungen – etwa im überseeischen Bereich – unter
Druck zu setzen bzw. zum Eingehen auf seine außenpolitische Konzeption zu bewegen, dem Inselstaat zum anderen aber auch weiterhin durch entsprechende Kontakte und öffentliche Äußerungen
seine bündnispolitischen Präferenzen nahezubringen. Doch mehrten sich Anzeichen dafür, daß er seinen bisherigen Kurs grundsätzlich überdachte.

Diese Neuakzentuierung der England-Politik kam zum erstenmal in einer Rede Hitlers vor den Spitzen der Wehrmacht und des
Auswärtigen Amtes am 5. November 1937 deutlich zum Ausdruck,   Hitlers Ansprache
in der er seine „grundlegenden Gedanken über die Entwicklungs-   vom 5.11.1937
möglichkeiten und Entwicklungsnotwendigkeiten unserer außenpolitischen Lage" darzulegen suchte. Deutlicher als je zuvor in einem
solchen Kreis wies er auf seinen „unabänderliche[n] Entschluß"
hin, „spätestens 1943/45 die deutsche Raumfrage zu lösen" [21: Ursachen und Folgen, Bd. XI, 550], also Schritte zur Vergrößerung des
eigenen Herrschaftsraumes mit militärischen Mitteln zu unterneh-

men. Zwar sprach Hitler den geplanten „Lebensraumkrieg" gegen
die Sowjetunion jetzt noch nicht konkret an, wohl aber faßte er als
nächste außenpolitische Etappen den „Anschluß" Österreichs und
die Niederwerfung der Tschechoslowakei ins Auge und verließ damit – für alle Beteiligten sichtbar – den Kurs der (anscheinend bisher verfolgten) Revisionspolitik.

In seiner Rede versuchte er, die Anwesenden davon zu überzeugen, daß bei diesen Schritten mit einem Eingreifen der Westmächte nicht gerechnet zu werden brauchte. Mit Blick auf innenpolitische Probleme Großbritanniens wie auf Desintegrationserschei-
nungen innerhalb des Empire schien ihm die Gefahr, daß der Inselstaat militärisch aktiv eingreifen würde, nicht gegeben, und dieser
Haltung werde sich auch Frankreich anschließen. Damit war klar
und eindeutig der Kurs „ohne England" eingeschlagen, wenn auch
eine Übereinkunft im Sinne der Abstimmung der beiderseitigen Interessensphären noch möglich zu sein schien und die Hoffnung bestand, einen militärischen Konflikt mit London (und Paris) vermeiden zu können.

Mit diesen Ausführungen hatte Hitler vor den Führungsspitzen
aus Diplomatie und Militär mit bemerkenswerter Offenheit nicht
nur seine langfristigen „Lebensraum"-Ziele angesprochen, sondern
auch die nächsten Aktionen zur Erreichung dieser Vorhaben konkret dargelegt. Nur folgerichtig war es, die Realisierung dieser
Expansionsschritte mit einer neuen Führung in Wehrmacht und
Ribbentrop ersetzt   Auswärtigem Amt anzugehen, zumal in der Diskussion um Hitlers
Neurath   Ausführungen vom 5. November 1937 einzelne Teilnehmer ernste
Bedenken gegen diesen Kurs angemeldet hatten. Im Zuge der sog.
Blomberg-Fritsch-Krise übernahm der „Führer" am 4. Februar
1938 nicht nur den Oberbefehl über die Wehrmacht und besetzte
führende Positionen der Generalität mit ihm ergebenen Männern,
am gleichen Tage wurde auch der bisherige Außenminister, Neurath, durch den Botschafter in London, Ribbentrop, ersetzt. Dem
folgten weitere personelle Veränderungen im Auswärtigen Amt und
im diplomatischen Dienst.

Dieses Revirement machte zweierlei deutlich. Zunächst einmal
signalisierte es die machtpolitische Ausschaltung der letzten konservativen Bündnispartner Hitlers, die bisher noch ein gewisses Eigengewicht gehabt hatten. An die Spitze der entsprechenden Ressorts
bzw. der Generalität waren nun Personen getreten, die sich den
Zielvorstellungen und politischen Anweisungen des „Führers" gefü-
giger zu zeigen versprachen als ihre Amtsvorgänger. Für das Aus-

wärtige Amt war die Berufung eines führenden Nationalsozialisten und engen außenpolitischen Vertrauten Hitlers ein deutlicher Einschnitt, wenn auch nicht, wie vielfach befürchtet, nun massiv Parteifunktionäre in führende Positionen eindrangen. Dagegen stand nicht zuletzt der neue Staatssekretär, Ernst von Weizsäcker, der hoffte, das Ministerium auch weiterhin gegenüber der „Partei" abschirmen zu können.

Zum anderen ließen Hitlers Ausführungen vom November 1937 und die personellen Veränderungen drei Monate später auch einen Wandel in den Methoden und im Tempo der deutschen Außenpolitik erkennen. In der Sicht der politischen Führung in Berlin hatte das Deutsche Reich mittlerweile die „Risikophase" der Aufrüstung durchmessen und eine Großmachtposition auf dem europäischen Kontinent (wieder-)erlangt. Die Konsequenzen, die sie daraus zog, waren jedoch unterschiedlich. Für Hitler war die Zeitspanne einer vorgeblichen Revisionspolitik beendet, die Grundstein und Abschirmung zugleich für die Realisierung seines „eigentlichen" außenpolitischen „Programms" gewesen war. Dies bedeutete, daß nun die weiteren Etappen auf dem Weg zu diesem Ziel deutlicher und offener als zuvor in sein Blickfeld traten und daß hierbei die Absicht einer auch einen Krieg mit den Westmächten einkalkulierenden militärischen Expansion voll zum Durchbruch kam. Demgegenüber blieb für die eher „traditionellen" Kräfte an der Spitze von Diplomatie, Militär und Wirtschaft weiterhin die Maxime gültig, diese Großmachtposition zu wahren und auszubauen, aber doch den Kurs einer mit nicht-militärischen Mitteln betriebenen Außenpolitik nicht zu verlassen. In diesem Sinne bedeutete das personelle Revirement zu Beginn des Jahres 1938 die Ausschaltung eines Alternativkurses, der bisher die deutsche Außenpolitik mitbestimmt und mitgetragen hatte, der nun aber seine führenden Repräsentanten in der politischen Spitze des Dritten Reiches verlor. Damit gewann Hitler neuen Bewegungsspielraum, den er zu nutzen verstand, um die in seiner Ansprache vom November 1937 genannten nächsten Etappen seines außenpolitischen Kurses in Angriff zu nehmen.

Methoden- und Tempowandel der deutschen Außenpolitik

3. Der Weg in den Krieg (1937–1939)

Das erste Ziel war hierbei die direkte oder indirekte Angliederung Österreichs an das Deutsche Reich. Seit dem Juli-Abkommen von 1936 war die deutsche Politik darauf bedacht, die Alpenrepu-

Verhältnis zu Österreich

blik politisch und propagandistisch für einen „Anschluß" reif zu machen. Mit diesem Vertrag hatte das Land zwar eine Garantie seiner Unabhängigkeit erhalten, diese aber mit dem Zugeständnis erkauft, die nationale Opposition in die politische Verantwortung mit einbeziehen zu müssen. Dies konnte (und sollte) den Hebel bilden, um eine „Machtergreifung" der österreichischen Nationalsozialisten nach deutschem Vorbild und die innere und/oder äußere „Gleichschaltung" mit dem Deutschen Reich durchzusetzen.

Österreichische Krise

Angesichts der zunehmenden innenpolitischen Unruhe und des – wie es schien – schwindenden Rückhalts bei den Westmächten und in Italien sah der österreichische Bundeskanzler, von Schuschnigg, keinen anderen Ausweg als die Hoffnung, durch einen Ausgleich mit Berlin eine Atempause zu erreichen und wenigstens die Unabhängigkeit seines Landes zu retten. In einer Unterredung mit Hitler in Berchtesgaden am 12. Februar 1938 wurde er jedoch ohne Umschweife mit den deutschen Forderungen konfrontiert: freie politische Betätigung für die österreichischen Parteigenossen, Ernennung eines Nationalsozialisten zum Innenminister, Anpassung der österreichischen Außen- und Wirtschaftspolitik an die des Reiches sowie schließlich regelmäßige Konsultationen zwischen den Generalstäben beider Länder. Begleitet wurde dieses Ultimatum von militärischen Einschüchterungsversuchen gegenüber Schuschnigg. Dieser sah schließlich keinen anderen Weg, als diesen Versuch einer inneren „Gleichschaltung" beider Länder zu unterschreiben. Hiermit, so hoffte er, sei mindestens die staatliche Unabhängigkeit bis auf weiteres gewahrt.

„Anschluß" Österreichs

Seinen Entschluß, dies durch eine für den 13. März 1938 angesetzte Volksabstimmung „für ein freies und deutsches, unabhängiges und soziales, für ein christliches und einiges Österreich" [21: Ursachen und Folgen, Bd. XI, 635] zu unterstreichen, nahm dann jedoch die deutsche Seite zum Vorwand, den „Anschluß" endgültig zu vollziehen. Zunächst hatte Hitler sich damit zufrieden gegeben, daß Schuschnigg die Abstimmung auf massiven deutschen Druck hin wieder abgesetzt hatte, sich dann aber doch zum militärischen Einmarsch und zur territorialen Angliederung Österreichs an das Deutsche Reich entschlossen. Dieser am 12. März 1938 vollzogene „Anschluß", der in den westlichen Hauptstädten lediglich zu diplomatischen Protesten führte, war ein deutlicher machtpolitischer Erfolg für Berlin. Territorial, militärstrategisch und wirtschaftlich war die Angliederung der Alpenrepublik ein großer Gewinn, zumal die deutschen Grenzen weit nach Südosten vorgeschoben wurden.

Nicht zuletzt war der „Anschluß" aber für Hitler ein Testfall für das
Verhalten der westlichen Demokratien bei einer Forcierung der
deutschen Expansionspolitik; deren eher distanzierte Reaktion bestärkte ihn in der Einschätzung, sie würden es auch im Falle neuer
außenpolitischer Schritte Berlins bei papierenen Protesten belassen,
so daß er weitere Aktionen offenbar ohne größeres Risiko in Angriff nehmen könne.

Hinsichtlich der Tschechoslowakei, die in der Ansprache vom
November 1937 bereits als nächstes Objekt deutscher Expansions-   Tschechoslowaki-
politik genannt worden war, kam es – ähnlich wie zuvor in Öster-   sche Krise
reich – zu einem Zusammenspiel zwischen einheimischen Kräften
und der deutschen politischen Spitze, durch die der tschechische
Staatsverband geschwächt und schließlich in seine ethnischen Be-
standteile aufgelöst werden sollte. Als Instrument dazu dienten die
sudetendeutsche Volksgruppe und ihre politische Repräsentanz, die
Sudetendeutsche Partei; deren Forderung nach Selbstbestimmung
wurde nun zum Sprengsatz innerhalb der Tschechoslowakei gemacht.

Zunächst schien dieses Kalkül aufzugehen. Auch die Westmächte rieten schließlich der tschechischen Regierung, den Forderungen der Sudetendeutschen nachzukommen; besonders Großbritannien suchte durch aktive Vermittlung und diplomatischen Druck
eine Verhandlungslösung zu erreichen, um die Sudetenkrise zu einem friedlichen Ende zu bringen und damit der deutschen Seite jeden Vorwand zu nehmen, einseitige Maßnahmen zu ergreifen und
die anderen Staaten erneut vor vollendete Tatsachen zu stellen. Hitler selbst setzte darauf, die Zerschlagung der Tschechoslowakei
ohne einen Konflikt mit London und Paris durchsetzen zu können.
In einer ersten kritischen Zuspitzung der Sudetenkrise Ende Mai
1938 hatte er den Abschluß der militärischen Vorbereitungen für einen deutschen Einmarsch bis zum 1. Oktober verfügt und hierbei
auch deutlich gemacht, daß die Beseitigung dieses Eckpfeilers der
Kleinen Entente den Weg ebnen werde zum „Antreten gegen den
Westen", dessen machtpolitische Ausschaltung als Vorbedingung
galt für den „eigentlichen" Lebensraumkrieg gegen die Sowjetunion.

Die Möglichkeit einer militärischen Auseinandersetzung mit
England und Frankreich als Folge der Sudetenkrise rief nun aber
auch im Deutschen Reich Kräfte auf den Plan, die einen solchen
Kurs ablehnten, weil er zu risikoreich sei und die deutschen Kräfte
übersteige. Zwar zeigten sie sich durchaus „für Großdeutschland"

im Sinne einer politischen Hegemonie in Ostmittel- und Südosteuropa aufgeschlossen, waren aber „gegen den großen Krieg" [101: R. A. BLASIUS], der die Option einer großdeutschen Machtpolitik zerstören und das Reich in eine militärische Konfrontation treiben würde, der es nicht gewachsen wäre. In dieser Einschätzung trafen sich der ehemalige Außenminister Neurath, Militärs wie Generalstabschef Beck und sein Nachfolger Halder, eine Gruppe von Beamten des Auswärtigen Amtes um Staatssekretär von Weizsäcker und nicht zuletzt Göring, der ebenfalls bereits in der Vergangenheit den Aufbau einer starken Stellung des Reiches im ostmitteleuropäischen Bereich befürwortet hatte. Insbesondere Weizsäcker suchte in dieser Situation den Außenminister, Ribbentrop, den er für die treibende Kraft des militärischen Risikokurses hielt, zu überspielen und Hitler von der Notwendigkeit zu überzeugen, daß Berlin auf London und Paris Rücksicht nehmen müsse, zumal er überzeugt war, daß ein Krieg gegen die Westmächte „nicht nur das Ende des Dritten Reiches, sondern finis Germaniae wäre" [23: L. E. HILL, Weizsäcker-Papiere, Bd. II, 121 f.]. In den Krisenwochen des September 1938 verdichtete sich dies dann sogar zu verdeckten Kontakten zur Londoner Regierung in der Absicht, sie zur Festigkeit gegen Hitler zu überreden und diesen so zu einem diplomatischen Rückzug zu zwingen. Dahinter standen z. T. sogar Überlegungen eines Staatsstreichs, durch den Hitler abgesetzt und eine neue politische Führung ins Amt gebracht werden sollte, die dann innen- wie außenpolitisch einen gemäßigteren Kurs verfolgen würde.

Die britische Regierung sah jedoch keine Veranlassung, auf diese Kontakte einzugehen, zumal die von dort ausgehenden politischen Signale höchst diffus und die dahinter stehenden politischen Kräfte in Deutschland kaum vertrauenswürdig erschienen. Stattdessen entschloß sie sich – als sich im Laufe des Sommers die Sudetenkrise immer mehr zuspitzte – zu dem spektakulären Schritt, direkten Kontakt mit der deutschen Führung aufzunehmen: bei zwei Begegnungen mit Hitler in Berchtesgaden und Bad Godesberg am 15. bzw. 22.–24. September suchte der britische Premierminister, Neville Chamberlain, die Möglichkeit einer friedlichen und einvernehmlichen Regelung auszuloten, die im Sinne eines „peaceful change" die gegenwärtigen Konfliktstoffe ausräumen und das Deutsche Reich wieder in eine neu ausbalancierte europäische Ordnung einfügen würde.

Mit dieser Initiative hatte Chamberlain die Pläne Hitlers durchkreuzt, die darauf beruhten, die anderen europäischen Mächte aus-

Gegenkräfte gegen Hitlers Außenpolitik

Chamberlain und Hitler

zuschalten und eine einseitige militärische Aktion gegen die Tschechoslowakei zu unternehmen. Nachdem der „Führer" zunächst versucht hatte, durch Steigerung seiner Forderungen die Gegenseite
zum Rückzug zu bewegen, lenkte er dann doch noch ein und ließ
sich bewegen, an einer Konferenz der vier europäischen Großmächte am 29. und 30. September 1938 in München teilzunehmen.
Hier einigten sich die Regierungschefs Englands, Frankreichs, Italiens und Deutschlands darauf, die sudetendeutschen Gebiete dem
Deutschen Reich anzugliedern und deutsche Truppen dort nach einem Stufenplan zwischen dem 1. und 10. Oktober einmarschieren
zu lassen. Auch sollte die Frage der polnischen und ungarischen
Minderheit in der Tschechoslowakei geregelt werden.

Münchener Konferenz

Damit war der „große Krieg" verhindert worden. Auf den ersten Blick hatte das Deutsche Reich einen bedeutenden Erfolg erreicht. Insbesondere hatten die anderen europäischen Mächte den
Forderungen Berlins stattgegeben und damit die deutsche Großmachtposition unterstrichen. Dies konnte als Bestätigung der bisherigen außenpolitischen Linie und als gutes Omen für die Zukunft
angesehen werden. Zudem besaßen die Sudetengebiete einen hohen
strategischen Wert; das tschechische Festungssystem war nun in
deutscher Hand, der Reststaat war de facto nicht mehr verteidi-
gungsfähig. Diesen neuen Gegebenheiten Rechnung tragend, suchte
die Prager Regierung in der Folgezeit eine Annäherung an den
mächtigen westlichen Nachbarn.

Dennoch hatte Hitler, gemessen an seinen Zielen, einen Rückschlag erlitten. Nicht im Alleingang, unter Beiseitestehen der übri-
gen europäischen Mächte, war die Annexion der Sudetengebiete er-
folgt, sondern durch ein mehrseitiges Abkommen, das sogar eine
Garantie der Großmächte für die (verkleinerte) Tschechoslowakei
vorsah. Insbesondere aber hatte sich die Ohne-England-Strategie als
Mißerfolg erwiesen, da die britische Regierung sich nicht bereit gezeigt hatte, ihm „freie Hand" im Osten zu gewähren. In diesem
Sinne war „München" allenfalls aus der Sicht einer traditionellen
Revisionspolitik ein eindrucksvoller Erfolg, nicht aber für Hitler,
der hierdurch seine Handlungsfreiheit eingeschränkt und seinen
Aktionskurs verzögert sah. Bereits vier Wochen nach Abschluß der
Konferenz gab er die Weisung zur militärischen „Erledigung der
Rest-Tschechei" und zur Annexion des Memel-Landes; auch sollten
erste Vorbereitungen für eine Besetzung Danzigs getroffen werden.
Mit der Verwirklichung dieses Expansionsprogramms mußte für
alle Welt deutlich werden, daß die Versicherung des „Führers" im

Konsequenzen der Münchener Konferenz

Vorfeld der Münchener Konferenz, die Abtretung der Sudetengebiete sei die letzte territoriale Forderung Berlins, unzutreffend war, ja, daß die deutschen Ambitionen deutlich über die ethnischen Grenzen im Osten hinausgingen, daß sie sogar – wie Hitler am 30. Januar 1939 vor dem Reichstag zu erkennen gab – letztlich „die Vernichtung der jüdischen Rasse in Europa" zur Folge haben würden.

Im Falle der Tschechoslowakei sollten die slowakischen Nationalisten die Rolle übernehmen, die die Sudetendeutschen im Vorfeld der Münchener Konferenz gespielt hatten, d. h. sie sollten mit ihrer Forderung nach Selbstbestimmung den inneren Zerfall des tschechischen Staatsverbandes vorantreiben. Dieses Kalkül ging auf: nach wachsenden inneren Spannungen erklärte das slowakische Parlament schließlich am 14. März 1939 die Unabhängigkeit des Landes. Dieser Schritt war ein Tag zuvor dem nach Berlin gekommenen Preßburger Regierungschef, Tiso, nahegelegt worden, wenn er nicht – bei der unmittelbar bevorstehenden Besetzung des tschechischen Landesteils durch deutsche Truppen – eine Annexion der Slowakei seitens Ungarns riskieren wolle.

„Erledigung" der
„Rest-Tschechei"

Dieser ultimative Druck auf Tiso, der dann die Unabhängigkeitserklärung der Slowakei zur Folge gehabt hatte, war zugleich das Vorspiel zu einer analogen Erpressung gegen den tschechischen Staatspräsidenten, Hacha, der angesichts der Ereignisse in der Slowakei zusammen mit seinem Außenminister noch am 14. März nach Berlin gereist war in der Absicht, einen modus vivendi mit dem mächtigen Nachbarn zu erreichen und durch Anpassung wenigstens die nationale Unabhängigkeit seines Landes zu retten. Stattdessen sah er sich mit der Drohung konfrontiert, dem für den nächsten Tag angesetzten Einmarsch deutscher Truppen stattzugeben oder es auf eine bewaffnete Auseinandersetzung ankommen zu lassen. Vor diese Alternative gestellt, sah Hacha keinen anderen Weg, als „das Schicksal des tschechischen Volkes und Landes vertrauensvoll in die Hände des Führers des Deutschen Reiches" [21: Ursachen und Folgen, Bd. XIII, 78] zu legen und dem deutschen Einmarsch zuzustimmen.

„Griff nach Prag"

Damit war das politische Los der Tschechoslowakei besiegelt. Bereits am folgenden Tag, dem 16. März 1939, wurde die Bildung des Protektorats Böhmen und Mähren verkündet, ein staatliches Gebilde, das – wenigstens bis Kriegsbeginn – noch ein gewisses Maß an Autonomie besaß, also eine eigene Regierung behielt, die allerdings einem deutschen Reichsprotektor unterstand. Am

23. März stellte sich dann auch die Slowakei unter den „Schutz" des Deutschen Reiches und wurde damit zu einem deutschen Satellitenstaat. Am gleichen Tage konnte Hitler schließlich auch die Abtretung des Memel-Landes durch Litauen verbuchen, nachdem zuvor eine Verhandlungsdelegation aus Wilna nach bekanntem Muster massivem politischen Druck ausgesetzt worden war.

Die Zerschlagung der Tschechoslowakei und die Bildung des Protektorats Böhmen und Mähren bedeuteten erneut einen wichtigen Aktivposten für das Deutsche Reich. Strategisch bot dieses Gebiet einen Aufmarschplatz gegenüber der Sowjetunion und/oder Polen, und ökonomisch brachten die industriellen Kapazitäten dieser Region eine willkommene Entlastung der deutschen Rüstungswirtschaft. Und nicht zuletzt hatten die territorialen Veränderungen des März 1939 die deutsche Hegemonialposition im ostmittel- und südosteuropäischen Raum endgültig befestigt: mit Wien und Prag in deutscher Hand war der Weg zur politischen und wirtschaftlichen Dominanz des Reiches donauabwärts geebnet. Alte Pläne eines „mitteleuropäischen" Großwirtschaftsraums schienen nun der Realisierung nahe.

Wichtiger als diese Vorteile waren aber die Wirkungen des „Griffs nach Prag" auf die anderen europäischen Staaten. Nun war endgültig deutlich geworden, daß Revisionsforderungen und die Berufung auf das Selbstbestimmungsrecht für Hitler nur vorgeschoben waren, daß sie die Folie bildeten, hinter der er seine Intentionen zur (auch militärischen) Expansion verborgen gehalten hatte, bis er den richtigen Zeitpunkt dazu für gekommen hielt. Offenkundig war aber auch geworden, daß die zahlreichen Versicherungen des „Führers", friedliche Absichten zu hegen und nur die legitimen außenpolitischen Interessen des Reiches zu vertreten, falsch waren, ja, daß er gegebene Zusicherungen und Abkommen baldmöglichst wieder brechen würde. Gerade in dieser Hinsicht war „Prag" ein Akt der Ernüchterung.

Dies mußte sich insbesondere auf die Haltung der Westmächte gegenüber dem Deutschen Reich auswirken; deren Garantieerklärungen für die Unabhängigkeit Polens (31. März), Rumäniens und Griechenlands (13. April) sowie die Beistandserklärung für die Türkei (12. Mai) sollten denn auch Hitler die Warnung vermitteln, weitere militärische Schritte zu unterlassen. Damit war sein außenpolitischer Handlungsspielraum nach „Prag", ohne daß er dies wahrgenommen hätte, sehr viel enger geworden als zuvor. Die deutsche Antwort auf die Garantieerklärungen der West-

Gegenkräfte gegen die deutsche Expansionspolitik

mächte war eine Verhärtung der Position gegenüber Warschau, von dem Berlin nun Zugeständnisse hinsichtlich Danzigs und eines „Korridors" nach Ostpreußen forderte. Ursprünglich hatte Hitler einen Krieg gegen Polen im Jahr 1939 nicht geplant, sich vielmehr um eine politische Annäherung zwischen beiden Regierungen bemüht in der Absicht, dies im Falle eines militärischen Konflikts mit London/Paris oder aber mit Moskau zu seinen Gunsten ausnutzen zu können. Nun aber verwarf er diesen Kurs und ließ im Gegenteil Vorbereitungen für eine militärische Aktion gegen den östlichen Nachbarn des Reiches treffen mit dem Ziel, „bei erster passender Gelegenheit Polen anzugreifen. An eine Wiederholung der Tschechei ist nicht zu glauben. Es wird zum Kampf kommen." Ein solcher Überfall – so der „Führer" in einer Ansprache vor den Oberbefehlshabern der Wehrmacht am 23. Mai, in der er seine Angriffspläne offenlegte – sei „von der Auseinandersetzung mit dem Westen nicht zu trennen" [21: Ursachen und Folgen, Bd. XIII, 292]. Frühestmöglicher Angriffstermin sollte der 1. September 1939 sein.

Die Alternative einer Verhandlungslösung wie im Münchener Abkommen schlug er bewußt aus, obwohl die englisch-französische Garantie für Polen keineswegs den konkreten Grenzverlauf umfaßte, eine Vereinbarung über Grenzkorrekturen also durchaus noch möglich war und im Laufe des Sommers auch von seiten Londons und Paris' ins Spiel gebracht wurde. Dies hätte in Hitlers Augen jedoch seine Aktionsmöglichkeiten eingeengt und seiner Zielsetzung widersprochen. Stattdessen unterstrich er mit der Aufkündigung des Nichtangriffspakts mit Polen und des deutsch-englischen Flottenabkommens seine Absicht, seine Handlungsfreiheit zu wahren und ein Mitspracherecht Dritter nicht zu akzeptieren.

In dieser Situation kam der deutschen Seite eine außenpolitische Umorientierung der sowjetischen Führung zugute, die sich bereits seit der Münchener Konferenz abgezeichnet hatte: die Ausschaltung seines Landes von der Regelung der tschechischen Frage hatte Stalin veranlaßt, zur machtpolitischen Absicherung seiner Westgrenze nicht mehr allein auf die Westmächte zu bauen, sondern auch eine Annäherung an Berlin in Erwägung zu ziehen. Hiermit hoffte er, die Spannungen unter den kapitalistischen Mächten zu fördern und ein Bündnis dieser Staaten gegen die Sowjetunion zu verhindern. Hitler ging schnell auf diese Sondierungen ein, sah er doch in dem Pakt mit dem ideologischen Todfeind die Chance, Polen militärisch zu überrennen und sich gleichzeitig den Rücken für einen Krieg gegen die Westmächte frei zu halten. Dafür war er

[Marginalien:]

Verhältnis zu Polen 1938/39

Sowjetisch-deutsche Annäherung

sogar bereit, Stalin das zu konzedieren, was London und Paris dem sowjetischen Diktator bisher nicht hatten zubilligen wollen, nämlich eine machtpolitische Expansion in den ostmitteleuropäischen Staatengürtel hinein. Vor diesem Hintergrund verdichteten sich die entsprechenden Signale beider Teile schon bald zu einem konkreten Verhandlungsangebot.

In diesem Falle hatte sich Hitler dem Kurs seines Außenministers auf Intensivierung der Beziehungen zur Sowjetunion angeschlossen, sogar die sowjetische Seite gedrängt, den für Ende August 1939 geplanten Moskau-Besuch Ribbentrops noch um einige Tage vorzuziehen, wobei ihn die selbstgesetzte Terminplanung hinsichtlich Polens (1. September) leitete. Im Sinne der oben genannten Zielsetzungen schlossen dann beide Diktatoren am 23. August einen auf zehn Jahre befristeten Nichtangriffspakt, in dem jeder dem anderen zusagte, im Falle kriegerischer Verwicklungen des Bundesgenossen den jeweiligen Gegner nicht zu unterstützen. Auch sollte keiner der Vertragspartner einer Mächtegruppierung beitreten, die gegen den anderen gerichtet war. Ergänzt wurde dies durch ein geheimes Zusatzprotokoll über die Aufteilung der Interessensphären in Ostmitteleuropa. Es schrieb den deutschen Anspruch auf Polen westlich der Flüsse Narew, Weichsel und San sowie auf Litauen fest, während der östliche Teil Polens, Estland, Lettland, Finnland und Bessarabien der Sowjetunion zugesprochen wurden.

Mit diesem Pakt hatte Hitler seine Angriffspläne gegenüber Polen machtpolitisch abgesichert. Noch am Tage des Vertragsabschlusses mit Stalin legte er den Angriffstermin auf den 26. August fest. Zwar war er sich bewußt, daß ein solcher Schritt das Risiko eines militärischen Eingreifens der Westmächte einschloß, doch hoffte er, sie durch dieses deutsch-sowjetische Zusammengehen von einer Intervention abzuhalten oder aber – falls sich dies als unrealistisch erwies – durch einen ,,Blitz''-Feldzug Polen schlagen zu können, bevor London und Paris Warschau zu Hilfe kommen würden. Dennoch entschied er sich zwei Tage später, also am 25. August, England noch ein letztes ,,großzügiges Angebot'' zu machen in dem Sinne, daß das Reich – unter der Prämisse ,,freier Hand'' im Osten – zur Garantie der deutschen Westgrenze wie generell zu einer Interessenabgrenzung mit der britischen Seemacht bereit sei. Damit bekundete er erneut seine vage (und falsche) Hoffnung, London werde die gegen den östlichen Grenznachbarn des Reiches gerichtete Politik und Kriegführung letztlich doch tolerieren und zu dem ihm angetragenen ,,Ausgleich'' mit Berlin bereit sein.

Deutsch-sowjetischer Nichtangriffspakt

Angebot an England

Die unverzügliche Absage der britischen Regierung an diesen Vorschlag veranlaßte die deutsche Seite zunächst, den Angriffstermin kurzfristig zu verschieben. Die verbleibenden Tage sollten genutzt werden, das politische Terrain vorzubereiten, also von Warschau in ultimativer Form Konzessionen bezüglich Danzigs und der deutsch-polnischen Grenze zu verlangen, deren Verweigerung dann den propagandistisch verwertbaren Anlaß zu einer militärischen Aktion geben sollte. Hektische Versuche Görings und anderer Mitglieder der politischen Spitze des Dritten Reiches, doch noch vermittelnd einzugreifen und einen friedlichen Ausgleich über die strittigen Fragen zu erreichen, scheiterten nicht zuletzt daran, daß Hitler sich von seinem Ziel, Polen militärisch niederzuwerfen, nicht abbringen ließ. Mit seiner Unterschrift unter die Weisung Nr. 1 für die Kriegführung vom 31. August 1939, die den Angriffstermin nun endgültig auf den 1. September festlegte, war dann die „Entfesselung" des Zweiten Weltkriegs vorgezeichnet.

Deutscher Angriff auf Polen

4. Der Krieg gegen die europäischen Nachbarn (1939–1941)

Gemessen an Hitlers langfristigen politischen Zielen begann der Krieg für den deutschen Diktator in einer „verkehrten Frontstellung". Dies war kein Krieg um „Lebensraum im Osten" mit England als Partner, sondern er gründete sich auf ein Bündnis mit der Sowjetunion und zog am 3. September 1939 die Kriegserklärungen Englands und Frankreichs nach sich. Allerdings setzte der „Führer" darauf, einen schnellen Schlag gegen Polen führen zu können, um so die Westmächte von einem unmittelbaren Eingreifen abzuhalten und sie vielleicht doch noch zum Einlenken zu bewegen. Sollte sich dies als falsch erweisen, hoffte er, sie nach Abschluß des Polen-Feldzugs in einem neuen „Blitz"-Vormarsch zu besiegen bzw. zu einem Waffenstillstand zu bewegen, um sich dann anschließend in der „richtigen" Frontstellung dem Krieg gegen den „jüdischen Bolschewismus" zuwenden zu können. Diese Erwartungen erwiesen sich jedoch als falsch: weder erfüllte sich die Hoffnung des „Führers", den Krieg gegen Polen lokalisieren zu können, noch zeigten sich London oder Paris bereit, auf das „Friedensangebot" einzugehen, das er am 6. Oktober 1939 in einer Reichstagsrede an die britische Regierung richtete. Hintergrund dieser neuen Offerte, die die entsprechenden Überlegungen der vergangenen Wochen wieder

Internationale Konstellation

aufnahm, waren die raschen Erfolge der deutschen Truppen in Polen: Am 27. September hatte Warschau kapituliert, und am 5. Oktober hatten sich die letzten polnischen Verbände ergeben. Am 17. September waren auch russische Truppen in Ostpolen einmarschiert und bis zu der am 23. August festgelegten Interessenlinie (Narew-Weichsel-San) vorgerückt. In Abänderung des geheimen Zusatzprotokolls zum Hitler-Stalin-Pakt vereinbarten beide Teile dann in einem Grenz- und Freundschaftsvertrag vom 28. September 1939, die „Grenze der beiderseitigen Reichsinteressen im Gebiete des bisherigen polnischen Staates" [21: Ursachen und Folgen, Bd. XIV, 47] an den Bug zu verlegen, so daß die deutsche Seite zusätzlich die Woidwodschaften Warschau und Lublin sowie einen Landzipfel bei Suwalki erhielt und hierfür Litauen (mit Ausnahme des Südwestzipfels) dem sowjetischen Interessenbereich zugeschlagen wurde. Damit war die „vierte Teilung" Polens besiegelt. Die an das Reich gefallenen Teile wurden zunächst unter deutsche Militärverwaltung gestellt, bevor dann am 12. Oktober 1939 aus diesem Territorium – nachdem bestimmte Gebietsteile an Ostpreußen und Schlesien abgetreten worden waren – die Reichsgaue Westpreußen-Danzig und Posen (Wartheland) sowie das Generalgouvernement gebildet wurden.

> Deutsch-sowjetischer Vertrag

Noch bevor die britische Antwort auf sein „Friedensangebot" vom 6. Oktober in Berlin eingegangen war, ließ Hitler erste Vorbereitungen für einen Feldzug im Westen treffen. Seine Absicht war, durch einen Sieg über Frankreich auch Großbritannien „auf die Knie zu zwingen", d. h. es zu jener Juniorpartnerschaft und Teilung der Interessensphären zu bewegen, die er der Londoner Regierung schon so häufig nahegelegt hatte. Dies schien ihm um so notwendiger, als er bereits zu diesem Zeitpunkt die Gefahr sah, daß „die Zeit ... gegen Deutschland" arbeite, wie er gegenüber der militärischen Spitze des Reiches bekannte. Diese Bemerkung ließ seine Sorge erkennen, daß die beiden Flügelmächte des internationalen Systems, die Vereinigten Staaten von Amerika und die Sowjetunion, sich seinen Plänen entgegenstellen und damit seinen Handlungsspielraum einengen würden. Die beste Möglichkeit, eine solche Entwicklung abzuwenden, erblickte er „in der klaren Herausstellung der deutschen Überlegenheit" [21: Ursachen und Folgen, Bd. XIV, 276] durch einen raschen Sieg über Frankreich und durch ein Einlenken Englands.

> Plan zur Offensive im Westen

Der geplante Angriff im Westen wurde dann aber mehrfach – schließlich bis Mai 1940 – verschoben. Noch vor dem Westfeldzug

ließ Hitler im Rahmen des Unternehmens „Weserübung" Däne-
mark und Norwegen erobern und militärisch besetzen. Damit sollte
der Zugang zu den für die deutsche Kriegswirtschaft wichtigen
schwedischen Erzlagern und – im Falle einer Ausweitung des Krieges gegen England – eine günstige Operationsbasis für die deutsche
Marine geschaffen werden. Noch bevor die Kämpfe in Norwegen
beendet waren, begann dann am 10. Mai 1940 die Offensive im Westen. Auch in diesem Fall konnten die Deutschen ihre militärischen
Erfolge wiederholen: in einem schnellen Vorstoß überrannten sie
zunächst Holland, Belgien und Luxemburg und eroberten dann den
Norden und die Mitte Frankreichs. Damit stürzte das Land auch in
eine politische Krise; noch am Tage seiner Ernennung zum neuen
Regierungschef, dem 16. Juni 1940, suchte Marschall Pétain um
Waffenstillstand nach in der Hoffnung, hierdurch seinem Vaterland
eine gewisse Selbständigkeit sichern zu können. Ein solches Abkommen wurde dann am 22. Juni 1940 unterzeichnet. Es teilte Frankreich in eine besetzte Zone im Norden unter einem deutschen Mili-
tärbefehlshaber und eine unbesetzte Zone im Süden. Letztere behielt
in Vichy eine eigene Regierung und gebot auch über, wenngleich
stark reduzierte, eigene Streitkräfte; auch verblieb ihr die Verfügungsgewalt über die französische Flotte und das französische Ko-
lonialreich. Wenige Tage später mußte Frankreich dann in einem
weiteren Waffenstillstandsabkommen einen Grenzstreifen an Italien abtreten, das am 10. Juni – die deutschen Erfolge vor Augen –
seine Politik der „Nonbelligerenza" aufgegeben hatte und in den
Krieg gegen den Westen eingetreten war.

Diese Waffenstillstandsbedingungen hatte Hitler dem geschla-
genen Gegner in der Absicht auferlegt, England keinen Grund zur
Fortsetzung des Krieges zu liefern, vielmehr diejenigen Kräfte auf
der Insel zu stärken, die für ein Arrangement mit Berlin eintraten.
Denn trotz des militärischen Triumphs über die westeuropäischen
Staaten, der das Prestige des „Führers" innen- und außenpolitisch
außerordentlich gesteigert hatte, war das strategische Dilemma, für
den beabsichtigten Krieg im Osten noch immer keine Rückenfreiheit zu haben, ungelöst. In diesem Sinne suchte Hitler am 19. Juli
noch einmal, durch einen „Friedensappell" die britische Regierung
zu einer „Teilung der Welt" zu bewegen. Doch stieß er damit auf
die unnachgiebige Haltung Churchills, seit dem 10. Mai britischer
Premierminister, der nicht bereit war, einem Ausgleich mit dem nationalsozialistischen Deutschland zuzustimmen.

Zu dieser kompromißlosen Position trug bei, daß mittlerweile auch der amerikanische Präsident seine Bereitschaft bekundet hatte, Großbritannien den Rücken zu stärken, ja, sein Land zum entscheidenden Widerpart der „Achsenmächte" zu machen. Dies brachte den deutschen Diktator erneut unter Zeitdruck, da eine solche Perspektive seine militärischen Planungen und Zeitvorgaben in Frage stellte. Angesichts der Ungewißheit, ob London sein „großzügiges Angebot" vom 19. Juli akzeptieren würde, hatte er bereits drei Tage zuvor Vorbereitungen zur Operation „Seelöwe", einer Landung auf den britischen Inseln, treffen lassen, durch die – im Falle eines Erfolgs – der einzige noch verbliebene Kriegsgegner ausgeschaltet worden wäre. Allerdings zweifelte er nach wie vor an der Durchführbarkeit und politischen Opportunität einer solchen Invasion; die am 13. August schließlich eröffnete Luftoffensive gegen Großbritannien konnte zwar als Vorbereitungsmaßnahme für diesen Fall – wie auch als psychologisches Druckmittel – gelten, doch wurde sie bereits einen Monat später nach schweren Verlusten wieder abgebrochen. Die Pläne für eine Invasion hatten sich als undurchführbar erwiesen.

Operation „Seelöwe"

Durch die militärischen Erfolge, insbesondere den Sieg über Frankreich, hatte Hitler den bisherigen Höhepunkt seiner Macht erreicht. Nicht nur waren skeptische Stimmen und oppositionelle Strömungen im Offizierskorps sowie unter den „traditionellen" Kräften in Diplomatie, Bürokratie und Wirtschaft zum Schweigen gebracht worden, sondern er sah nun auch die Möglichkeit, weitere Etappen des Krieges ins Auge zu fassen, durch deren Realisierung im Zuge eines „improvisierten Gesamtkriegsplans" (Hillgruber) die Weltmachtposition des Deutschen Reiches begründet werden sollte. Die Zeit zwischen dem Waffenstillstand mit Frankreich und dem deutschen Überfall auf die Sowjetunion war angefüllt mit Überlegungen, Planungen und Zukunftsentwürfen, die einen tiefen Einblick in die „letzten" außenpolitischen Ziele des deutschen Diktators gestatten. Hierbei war gerade der anhaltende Widerstand Londons, auf seinen Vorschlag einer „Teilung der Welt" einzugehen, tieferer Grund und auslösendes Moment zugleich für die Suche nach Wegen, sein „Programm" doch noch realisieren zu können.

Hitlers weitere Ziele

Bereits während des Frankreich-Feldzugs hatte Hitler erste Überlegungen angestellt, den Krieg durch einen baldigen, möglichst noch im Herbst 1940 zu eröffnenden Angriff auf die Sowjetunion fortzuführen. Hatte er zunächst darauf gesetzt, England bereits besiegt und damit einer Zweifrontenkriegssituation vorgebaut zu haben, wenn er sich nun in der „richtigen" Frontstellung der UdSSR zuwenden würde, so wurde ihm der Fehlschlag seiner Bemühungen, England mit militärischen Mitteln zu einem Einlenken zu bewegen, spätestens seit der zweiten Julihälfte mehr und mehr deutlich. Da-

mit gewann der geplante Kampf um „Lebensraum im Osten" noch zusätzlich die Funktion, durch Ausschaltung des stalinistischen Rußland den beiden angelsächsischen Mächten jede Aussicht zu nehmen, den Krieg erfolgreich fortsetzen zu können. Wenn London, so Hitlers Kalkül, nicht mehr darauf rechnen könne, die UdSSR als Festlandsdegen gegen das Deutsche Reich zu benutzen, werde es seinen Widerstand aufgeben und einen Ausgleich mit Berlin suchen. Aber nicht nur Großbritannien würde seinen letzten Hoffnungsanker auf dem europäischen Kontinent verlieren, ein Sieg Deutschlands über die Sowjetunion würde zudem Japan im Pazifik aufwerten, so daß – angesichts der Gefahr eines Zwei-Ozean-Krieges – auch die USA als potentieller Verbündeter Englands von einem Kriegseintritt abgehalten werden würden. Damit bekam der ursprünglich zentrale Schritt in Hitlers außenpolitischem „Programm", der Kampf um „Lebensraum im Osten", eine neue, zusätzliche Funktion; er wurde Mittel und Ziel zugleich: die einzige Möglichkeit in der gegenwärtigen Situation, die militärische Initiative zu behalten, und gleichzeitig Werkzeug zur Realisierung seiner weltanschaulichen Idee.

Angesichts der unzureichenden Vorbereitungen wie der ungünstigen Witterungsbedingungen mußte Hitler dann aber doch einsehen, daß ein Feldzug gegen die Sowjetunion nicht vor Mai 1941 möglich sein würde. In dieser Situation griff er auf Überlegungen

seines Außenministers zurück, einen „Kontinentalblock" mit Spitze gegen die Seemächte zu bilden, ohne daß er hierdurch seine grundsätzliche Option für eine militärische „Ostlösung" aufzugab. Inzwischen konnte durch einen solchen „Block" eine imponierende Mächtekombination aufgebaut werden, durch die die USA aus dem Krieg herausgehalten und England friedensbereit gemacht werden sollten.

Der Abschluß eines solchen Bündnissystems gelang allerdings nur unvollkommen. Wohl wurde am 27. September 1940 ein „Drei-

mächtepakt" zwischen dem Deutschen Reich, Italien und Japan verkündet, die ja bereits vorher durch den „Antikomintern"-Pakt miteinander verbunden gewesen waren, doch war die machtpolitische Substanz dieses Vertrages eher dünn. In den folgenden Monaten traten Ungarn (20. November 1940), Rumänien (23. November 1940) und die Slowakei (24. November 1940), später auch Bulgarien

(1. März 1941) und Kroatien (15. Juni 1941) dem „Dreimächtepakt"
bei, während die – politisch viel wichtigere – Abrundung dieses
Bündnissystems um die westeuropäischen Staaten scheiterte: weder
Franco noch Pétain sahen sich bei Unterredungen mit Hitler in
Hendaye bzw. Montoire am 23. und 24. Oktober 1940 in der Lage, Unterredungen mit
den gewünschten Beitritt ihres Landes zum „Dreimächtepakt" und Franco und Pétain
seinen Kriegseintritt in Aussicht zu stellen, da Hitler sich weigerte,
konkrete Zusagen hinsichtlich des von beiden Gesprächspartnern
als Kompensation beanspruchten Kolonialbesitzes in Nordafrika zu
machen. Somit hatte die deutsche Seite nicht vermocht, die westliche Flanke des Kontinents und den Mittelmeerraum durch ein ent-
sprechendes Bündnissystem machtpolitisch abzusichern.

Noch weniger gelang dies hinsichtlich der größeren, eurasischen „Kontinentalblock"-Konzeption, also der Einbeziehung der
UdSSR. Bei seinem Besuch in Berlin am 12./13. November 1940
war dem sowjetischen Außenkommissar der Entwurf zu einem Abkommen zwischen den Staaten des „Dreimächtepakts" und der So- Molotow in Berlin
wjetunion sowie zu einem geheimen Zusatzprotokoll vorgelegt worden, das Deutschland eine Interessensphäre in Mittelafrika zuwei-
sen, Italien den Mittelmeerraum und Nordostafrika überantworten,
Japan den ostasiatischen Raum als Einflußzone zuerkennen und
der Sowjetunion Südasien und Indien als Expansionsgebiet überlas-
sen wollte. Molotow lehnte es jedoch ab, sich auf einen solchen
Viermächteblock und die dort vorgesehene Expansionsrichtung aller Beteiligten nach Süden festzulegen, vielmehr betonte er die aktuellen Ansprüche seines Landes in Nordost-, Ostmittel- und Südosteuropa, also einer Zone, wo die Achsenmächte selbst wirtschaftliche
und politische Interessen hatten. Damit setzte er den eher vagen Ex-
pansionsvorschlägen der deutschen Seite ganz konkrete Ziele entge-
gen, die zu einem deutlichen Interessenkonflikt zwischen Berlin und
Moskau führen mußten.

Die Antwort auf die deutschen Vorschläge bestärkte Hitler in
seinem Mißtrauen gegen die Absichten des sowjetischen Bündnis-
partners, zumal er ohnehin in Ribbentrops „Kontinentalblock"-Konzeption nur eine unvollkommene Alternative zu seinen
eigenen Absichten sah. Diese Vorbehalte des „Führers" waren
schon zu Beginn der Gespräche mit Molotow deutlich geworden,
als er nämlich die Anweisung gegeben hatte, „gleichgültig, welches
Ergebnis diese Besprechungen haben werden, ... die mündlich be- „Weisung Nr. 21"
fohlenen Vorbereitungen für den Osten fortzusetzen". Nach dem
Scheitern der „Viererpakt"-Sondierungen präzisierte er dies am

18. Dezember 1940 in seiner „Weisung Nr. 21" für den Fall „Barbarossa", in der er den Angriff auf die Sowjetunion vorzubereiten befahl und der Wehrmacht das Ziel setzte, „auch vor Beendigung des Krieges gegen England Sowjetrußland in einem schnellen Feldzug niederzuwerfen" [16: W. HUBATSCH, Hitlers Weisungen, 71 u. 84]. Als möglichen Angriffstermin faßte er den Mai 1941 ins Auge. Damit waren die Weichen für eine Ausweitung des Krieges nach Osten gestellt.

Zwar setzte die Reichsregierung die laufenden Wirtschaftsverhandlungen mit der UdSSR fort, sie konnte auch in einem Abkommen vom 10. Januar 1941 eine Steigerung der sowjetischen Lieferungen erreichen. Dennoch verschärften sich zur selben Zeit die Spannungen zwischen beiden Teilen, wobei insbesondere der Balkanraum zum Schnittfeld der Einflußzonen wurde. Bereits der für Berlin überraschende Angriff Italiens auf Griechenland am 28. Oktober 1940 hatte das Kriegsgeschehen auf die südosteuropäische Flanke ausgedehnt, zumal Großbritannien die Gelegenheit ergriff, den Griechen zu Hilfe zu kommen und damit eine neue Front zu eröffnen. Mit dem Beitritt Rumäniens und Bulgariens zum „Dreimächtepakt" und der Bereitstellung deutscher Truppen dort für einen geplanten Balkanfeldzug wurde dann aber offenkundig, daß sich die Interessen Berlins und Moskaus in dieser Region überschnitten. In diesem Sinne sollte das Unternehmen „Marita" gegen Griechenland nicht nur den bedrängten „Achsen"-Partner entlasten, sondern ebenso die südosteuropäischen Flanke im Hinblick auf einen Krieg gegen die Sowjetunion absichern.

Italienischer Angriff auf Griechenland

Den Sturz der bisherigen, den „Achsenmächten" zuneigenden Regierung in Belgrad am 27. März 1941 nahm Hitler zum Anlaß, neben Griechenland nun auch Jugoslawien anzugreifen und damit der Gefahr vorzubeugen, daß andere Mächte – hierbei dachte er an Großbritannien und an die Sowjetunion – dort Fuß fassen könnten. Dieser am 6. April 1941 begonnene Doppelfeldzug konnte wiederum rasch abgeschlossen werden: am 17. April kapitulierte die jugoslawische Armee und am 21. April die griechische; allein die Kämpfe auf Kreta, wo britische Truppen gelandet waren, zogen sich noch bis Ende Mai hin. Die Position der „Achsenmächte" war damit deutlich verstärkt worden, wenn auch zur militärischen Sicherung des Balkanraumes fortan deutsche wie italienische Truppen gebunden waren. Auch war die Gefahr gebannt, daß die britische Seemacht – wie im Ersten Weltkrieg – von der südöstlichen Peripherie des Kontinents aus in den mitteleuropäischen Raum vor-

Balkanfeldzug

dringen und so dem Gegner einen entscheidenden Schlag versetzen würde.

Der deutsche Vorstoß bis an das Mittelmeer bot auf der anderen Seite die Möglichkeit, von hier aus die britischen Positionen im Nahen Osten unter Druck zu setzen und damit das Empire an einer seiner strategisch empfindlichsten Stellen zu treffen. Eine solche Verlagerung des Schwergewichts der Kriegführung gegen Großbritannien in den Mittelmeerraum hatte der Chef der Marine, Großadmiral Raeder, bereits nach dem Frankreichfeldzug dem „Führer" nahezulegen versucht, doch war dieser hierauf nicht eingegangen. Zwar zeigte er sich bereit, dem bedrängten italienischen Bundesgenossen in Nordafrika durch ein Afrikakorps unter General Rommel beizustehen. Allerdings konnte ihn selbst dessen schneller Vorstoß bis an die ägyptische Grenze nicht dazu bewegen, seine militärischen Pläne gegen die Sowjetunion zugunsten der sich hier bietenden Möglichkeiten aufzugeben.

Raeders Mittelmeerstrategie

Nicht nur Hitler, auch die deutsche Generalität erwartete angesichts der vermeintlichen militärischen Schwäche der UdSSR, daß der Rußlandfeldzug rasch abgeschlossen werden würde. Vor diesem Hintergrund sind die Pläne zu sehen, die der „Führer" bereits im Winter 1940/41 für die Zeit nach Beendigung des Unternehmens „Barbarossa" ins Auge faßte. Die Eroberung der Sowjetunion, so Hitler am 9. Januar 1941 vor den Spitzen der Wehrmacht, mache das Reich durch die Verfügungsgewalt über diesen riesigen Raum „unangreifbar ... Deutschland müsse ihn wirtschaftlich und politisch beherrschen, jedoch nicht angliedern. Damit verfüge es über alle Möglichkeiten, in Zukunft auch den Kampf gegen Kontinente zu führen, es könne dann von niemandem mehr geschlagen werden" [21: Ursachen und Folgen, Bd. XVII, 47]. Zudem rechnete er damit, daß der militärische Zusammenbruch Rußlands auch Japan die Gelegenheit zu weiterer Expansion im Pazifik geben würde, durch die dann wiederum die USA gebunden und davon abgehalten werden würden, auf dem atlantisch-europäischen Kriegsschauplatz einzugreifen. Damit hätte er das alte Ziel erreicht, die USA auszuschalten und Großbritannien zu einem Ausgleich mit Berlin zu zwingen.

Hitlers Pläne für die Zeit nach „Barbarossa"

Diese weitreichenden militärischen Pläne, die ganz auf die strategische Bedeutung der zu erobernden Sowjetunion abhoben, zeigen aber nur eine Seite des geplanten Rußlandfeldzugs. Daneben trat die rassenideologische Komponente, die der Ostkrieg in Hitlers „Programm" immer gehabt hatte und die durch dessen neue Funktion als Mittel, Großbritannien zum Frieden zu zwingen, nicht an Bedeutung verlor. In diesem Sinne ließ Hitler die Befehlshaber und Stabschefs der für dieses militärische Unternehmen vorgesehenen Heeresgruppen und Armeen am 30. März 1941 wissen, daß der Feldzug gegen die Sowjetunion den „Kampf zweier Weltanschauungen gegeneinander" bedeute. „Bolschewismus ist gleich asoziales Verbrechertum ... Der Kampf wird sich sehr unterscheiden vom Kampf im Westen. Im Osten ist Härte mild für die Zukunft" [ebd., 57 f.]. Damit wurde deutlich, daß der bevorstehende rassenideologische Vernichtungskrieg im Osten die Maßstäbe der bisherigen Kriegführung weit hinter sich lassen würde.

5. Weltkrieg und Untergang (1941–1945)

Vor diesem Hintergrund begann am 22. Juni 1941 der Krieg gegen die Sowjetunion. Wie in den vorangegangenen Feldzügen konnte die deutsche Seite auch hier das Überraschungsmoment für sich ausnutzen und in einem schnellen Vormarsch die gegnerischen Stellungen überrennen. Angesichts dieser spektakulären Anfangserfolge kam der Generalstabschef bereits Anfang Juli zu der Überzeugung, daß „der Feldzug gegen Rußland innerhalb [von] 14 Tagen gewonnen" sei und dann „die weiteren Aufgaben der Kriegführung gegen England wieder in den Vordergrund treten" [22: F. HALDER, Kriegstagebuch, Bd. III, 38 f.] würden. In der Tat ließ Hitler wenig später den Schwerpunkt der Rüstung vom Heeresbedarf auf den der Marine und Luftwaffe verlagern, die ja für die weitere Kriegführung gegen die angelsächsischen Seemächte von ausschlaggebender Bedeutung waren.

Parallel hierzu löste der vermeintlich bereits errungene Sieg über die UdSSR eine Fülle von Erwägungen, Projekten und Entscheidungen zur deutschen Besatzungspolitik in diesem Gebiet aus, durch die die Dimension dieses Krieges als „rassischer Vernichtungskrieg" offenkundig wurde. Hierzu gehörten nicht nur Überlegungen, Moskau und Leningrad „dem Erdboden gleich zu machen, um zu verhindern, daß Menschen darin bleiben, die wir dann im Winter ernähren müßten" [18: P. E. SCHRAMM (Hrsg.), Kriegstagebuch OKW, Bd. I, 1021]; hiermit korrespondierten auch die Vertreibungs- und Vernichtungspläne, wie sie insbesondere im „Reichskommissariat für die Festigung des deutschen Volkstums" ausgearbeitet wurden; und hierzu zählte vor allem der Entschluß, die syste-

Angriff auf die Sowjetunion

Deutsche Besatzungspolitik

matische Vernichtung der Juden, bisher von den Einsatzgruppen im
Osten begonnen, auf ganz Europa auszudehnen. Mit dieser Entscheidung hatte das für den Beginn des Rußlandfeldzugs so charak-
teristische Ineinander von strategischem Kalkül und rassenideologi-
schem Dogma seine deutlichste Ausprägung erfahren. Dieses
Dogma, also der Vorsatz zur „Endlösung" der „Judenfrage", wirkte
aber auch dann noch weiter, als die globalen Herrschaftsziele Hitlers längst durch die militärische Entwicklung in Frage gestellt worden waren, ja, es wurde mehr und mehr zum Movens der deutschen
(Kriegs-)Politik.

Es zeigte sich allerdings rasch, daß die euphorischen Siegeshoffnungen verfrüht gewesen waren. Der deutsche Vormarsch kam
schon bald zum Stehen und die sowjetische Führung konnte – nicht
zuletzt angesichts der Erfahrung des Vernichtungscharakters des
Krieges – neue personelle und materielle Reserven mobilisieren. Im
Scheitern der deutschen Offensive vor Moskau kündigte sich die militärische Wende an der Ostfront bereits deutlich an. Zudem veränderten sich mit dem britisch-sowjetischen Beistandspakt vom
12. Juli 1941 und mit dem wachsenden moralischen und materiellen
Engagement der USA auf seiten der Alliierten die außenpolitischen
Gewichte und die strategische Lage zu Lasten des Reiches. Dies ließ
den deutschen Diktator sogar für einen Moment vermuten, „daß
die Erkenntnis, daß die beiden Feindgruppen sich nicht vernichten
können, zu einem Verhandlungsfrieden" führen könne [22: F. HAL-
DER, Kriegstagebuch, Bd. III, 295]. Derartige Überlegungen waren
aber nur aus dem Augenblick geboren, konstitutiv für Hitlers Planungen wurden sie nicht; im Gegenteil, in der Folgezeit hat er jeden
Gedanken eines generellen Verständigungsfriedens oder auch eines
Separatfriedens mit der Sowjetunion, in dessen Schatten dann der
Krieg gegen die angelsächsischen Mächte hätte um so erfolgreicher
fortgesetzt werden sollen, weit von sich gewiesen. Das Dogma vom
endzeitlichen Vernichtungskampf gegen den „jüdischen Bolschewismus" war stärker als jedes machtpolitische Kalkül.

Dem wachsenden Engagement der USA auf seiten Londons
folgte dann eine Entscheidung, die diesem Krieg endgültig globale
Ausmaße gab, nämlich die Kriegserklärung des Deutschen Reiches
an die Vereinigten Staaten am 11. Dezember 1941. Vorausgegangen
war der Angriff japanischer Flugzeuge auf die amerikanische Flotte
in Pearl Harbor, durch den die USA nun direkt auf dem fernöstli-
chen Kriegsschauplatz engagiert wurden. Zu einer entsprechenden
Kriegserklärung an Washington war Berlin zwar aufgrund des

Stagnation des Rußlandfeldzugs

Deutsche Kriegs-erklärung an die USA

„Dreimächtepakts" nicht verpflichtet, doch hatte die deutsche Seite bereits am 21. November auf entsprechende Sondierungen hin die japanische Führung wissen lassen, sie könne auch im Falle einer militärischen Konfrontation mit den USA auf ihre Unterstützung rechnen. Damit hatte sie sich eindeutig an ihren Bündnispartner gebunden.

Die Motive Hitlers für diesen Schritt, den er bisher immer hatte vermeiden wollen, sind nicht mit letzter Klarheit zu bestimmen. Offenkundig ist, daß er mit diesem „Blankoscheck" Japan in einen Konflikt mit den Vereinigten Staaten stoßen wollte, zumal Washington im Falle eines Ausgleichs mit Tokio das amerikanische Engagement auf seiten Londons weiter hätte erhöhen können. Mit dem Überfall auf Pearl Harbor war diese Konstellation beseitigt, und die deutsche Kriegserklärung konfrontierte die USA mit der Gefahr eines Zwei-Ozean-Krieges, so daß es ihr nicht mehr möglich war, zunächst das japanische Kaiserreich zu schlagen und sich dann dem atlantischen Kriegsschauplatz zuzuwenden. Allerdings setzte dieses Kalkül voraus, daß der „Dreimächtepakt"-Partner in der Lage war, sich gegen beide angelsächsischen Seemächte zu behaupten, und daß zudem das Dritte Reich den Rußlandfeldzug in absehbarer Zeit zum Abschluß bringen mußte, um sich nicht selbst der Gefahr eines Zweifrontenkriegs auszusetzen.

Für den Krieg gegen die Sowjetunion ergab sich aus dieser Lage eine immer größere Zeitnot. In der Tat schienen sich die deutschen Siegeshoffnungen im Sommer 1942 noch einmal zu bestätigen. Nach Beginn der deutschen Offensive im Juni konnten die deutschen Armeen weite Gebiete einnehmen, ja, im Osten bis an die Wolga und in den Kaukasus vorstoßen und in Nordafrika die ägyptische Grenze erreichen. Damit hatte allerdings das deutsche Herrschaftsgebiet eine Ausdehnung erlangt, die die eigenen Kräfte überstrapazierte und die Gegenseite ermuntern konnte, in die Schwachpunkte der deutschen Verteidigungslinien zu stoßen und so die strategische Initiative zu gewinnen.

Trotz der beeindruckenden Erfolge des Sommers 1942 wirkte – wie Hitler immer befürchtet hatte – die Zeit gegen ihn. Anfang des Jahres hatten die beiden angelsächsischen Mächte noch einmal bekräftigt, daß sie an der „Germany first"-Strategie festhalten, also die Entscheidung des Krieges auf dem europäischen Kontinent im Kampf gegen das nationalsozialistische Deutschland herbeiführen wollten. Damit zeichnete sich die militärische Konstellation ab, die Hitler stets hatte vermeiden wollen. Der noch am ehesten denkbare

Marginalien:
Erneute Siegeshoffnungen

Alliierte „Germany first"-Strategie

Ausweg aus dieser Zwangslage, einen Separatfrieden mit der
UdSSR anzustreben, von japanischer, dann auch von italienischer
Seite an den „Führer" herangetragen, kam für diesen jedoch nicht
in Betracht. Der Kampf um „Lebensraum" im Osten, mittlerweile
zum „rassischen Vernichtungskrieg" gesteigert, nahm in Hitlers
„Programm " eine so zentrale Stellung ein, daß ein wie auch immer
geartetes machtpolitisches Kalkül, das zu einer Übereinkunft mit
Stalin hätte raten können, unmöglich war. So schied für die deut-
sche Seite jede Möglichkeit aus, auf anderem als auf militärischem
Weg das Unternehmen „Barbarossa" zu beenden.

Die Schlacht um Stalingrad erwies sich dann als der augenfäl-
lige Wendepunkt des Krieges. Die Verteidigung dieses vorgeschobe- Stalingrad
nen Postens an der Wolga war für den deutschen Diktator (gegen
den Rat seiner Generäle) eine Frage des militärischen Prestiges und
der Demonstration des deutschen Durchhaltevermögens geworden.
Als am 19. November 1942 zwei sowjetische Heeresgruppen zum
Gegenangriff gegen die deutschen Linien ansetzten und die dort stehende Sechste Armee einschlossen, erteilte er deren Oberbefehlsha-
ber die Weisung, in seiner Stellung auszuharren und auf Entsatz zu
warten. Bereits zuvor hatten die angelsächsischen Seemächte begonnen, sich an der Peripherie des Machtbereichs der „Dreimächtepakt"-Partner Stützpunkte zu sichern, um so von hier aus in dessen
Kern vorzustoßen. Damit lag die militärische Initiative auf allen
Kriegsschauplätzen bei den Alliierten.

Mit dem Fall Stalingrads und dem Ende der Sechsten Armee,
deren Reste Anfang Februar 1943 in die Gefangenschaft gehen
mußten, kam die gesamte russische Front in Bewegung; in den folgenden Monaten mußten die Deutschen mehrere Abschnitte zu-
rücknehmen. Der Versuch, die militärische Initiative gegenüber der
UdSSR zurückzugewinnen, mißlang: der am 5. Juli 1943 begonnene
Sturm auf den russischen Frontbogen bei Kursk, das Unternehmen
„Zitadelle", geriet schon bald ins Stocken und mußte schließlich ab- Unternehmen
gebrochen werden, weil im Gegenzug sowjetische Truppen an ande- „Zitadelle"
rer Stelle einen Durchbruch erzielten. Damit war die letzte deutsche
Angriffsoperation im Osten gescheitert; von nun an suchte Hitler
die vorhandenen Fronten starr zu halten und die Gegenseite in einem Abnutzungskrieg zu schwächen, um so – durch Demonstration
deutschen Durchhaltevermögens – den Westen doch noch zum Einlenken zu bewegen.

Die bedrängte Ostfront konnte auch deshalb nicht mit zusätzlichen Kräften gestützt werden, weil am 7. und 8. November 1942 al-

liierte Truppen in Nordafrika gelandet waren und die dortige Situation in Bewegung gebracht hatten. Ein großer Teil der französischen Kolonien in Afrika ging zu de Gaulles „freiem Frankreich" über. Daraufhin marschierte am 11. November 1942 die deutsche Armee auch in das unbesetzte Frankreich ein, um auf diese Weise ein weiteres Vordringen der Anglo-Amerikaner zu verhindern. Diese Absicht schlug jedoch fehl; am 13. Mai 1943 mußten die letzten deutschen und italienischen Truppen in Nordafrika kapitulieren. Im Gegenzug setzten alliierte Verbände am 10. Juli 1943 nach Sizilien über, so daß nun auch Italien direkt in Bedrängnis geriet. Noch während der Kämpfe auf Sizilien war das faschistische Regime am 25. Juli durch einen Staatsstreich gestürzt und der „Duce" gefangengesetzt worden. Der neue Ministerpräsident, Marschall Badoglio, schloß am 3. September 1943 einen (fünf Tage später in Kraft tretenden) Sonderwaffenstillstand mit den Alliierten. Damit war die „Achse" zerbrochen und der wichtigste Bündnispartner Berlins war aus dem Krieg ausgeschieden.

Nun versuchten die Deutschen, den alliierten Vormarsch selbst abzuwehren und insbesondere einen Einbruch von Süden in das Reichsgebiet zu verhindern. Dem dienten die hinhaltenden Kämpfe auf der Halbinsel, wo die Wehrmacht die italienischen Streitkräfte entwaffnet und sich den vorrückenden Anglo-Amerikanern entgegengestellt hatte; dem diente aber auch die Schaffung eines deut- schen Vasallenstaates im nördlichen Italien mit Mussolini an der Spitze, den deutsche Truppen befreit hatten. Bis in die letzten Wochen des Krieges dauerten die Kämpfe im nördlichen Italien an.

Der Abfall des ideologisch verwandten „Achsen"-Partners verdeutlichte ein Problem, das die Deutschen während des gesamten Krieges begleitet hatte, nämlich die Frage nach einer dauerhaften politischen Ordnung in den unter ihrer Herrschaft stehenden Gebieten. Bereits während der ersten Hälfte des Krieges hatten weder die besiegten und besetzten Länder noch die (Satelliten-)Regime der „befreundeten" Staaten Gewißheit über ihre jeweilige Position in einer Nachkriegsordnung erlangen können, und auch nach dem Umschlag der militärischen Lage veranlaßte die deutsche Seite keine entsprechenden Vereinbarungen. Hitlers vage Europa-Ideologie, die die Verteidigung des Abendlandes gegen die westlichen Plutokratien wie gegen den sowjetischen Bolschewismus forderte, fand nur geringen Widerhall, da sie die vordergründigen Interessen der Hegemonialmacht kaum kaschierte. Im Gegenteil, die deutsche Besatzungsherrschaft ließ überall die Kräfte des Widerstandes wachsen, die das fremde Joch abschütteln und der eigenen Nation die Unabhängigkeit und Eigenständigkeit zurückgeben wollten. In diesem Sinne basierte die deutsche Position allein auf militärischer Macht; somit mußte Berlin – wie im Falle Vichy-Frankreichs und Italiens, später auch Ungarns – sich bei Zuspitzung der Lage direkt engagieren oder – wie etwa hinsichtlich Rumäniens und Bulgariens – zusehen, daß die ehemaligen Verbündeten zum Gegner überliefen.

Hitlers Werbung, die „Festung Europa" zu verteidigen, hatte aber noch eine weitere Funktion: mit dieser Formel umschrieb er die Verteidigungslinie, die er auf alle Fälle halten wollte, um in dieser Stellung auf ein Auseinanderbrechen der gegnerischen Koalition zu warten und dann zu einer Übereinkunft mit dem „Wunschpartner" Großbritannien gegen den gemeinsamen Feind, die Sowjetunion, zu kommen. Die Hoffnung auf einen solchen Umbruch der jeweiligen Allianzen wurde schließlich für Hitlers außenpolitische Planungen um so dominanter, je aussichtsloser die militärische Lage des Reiches sich darbot.

Hitlers diesbezügliche Überlegungen entbehrten jedoch jeder Grundlage. Auf der Konferenz von Casablanca vom 14.–25. Januar 1943 hatten sich die Alliierten auf die Forderung nach „bedingungsloser Kapitulation" des Gegners verständigt und jeden Separatfrieden und Bündniswechsel eines Partners ausgeschlossen. Zwar gab es durchaus machtpolitische und ideologische Spannungen zwischen Briten, Amerikanern und Sowjets, auf die Hitlers Spekulationen hinsichtlich eines Zerfalls dieser „unnatürlichen Koalition" bauten. Dennoch gingen diese Konflikte nie so weit, daß hierüber die Hauptsache, die gemeinsame Frontstellung gegen das nationalsozialistische Deutschland, zurücktrat. Im Gegenteil, der Wille zur Ausschaltung der „deutschen Gefahr" war und blieb das einigende Band der alliierten Koalition.

Angesichts dieser Situation liefen auch alle Hoffnungen des nationalkonservativen Widerstands in Deutschland ins Leere, im Falle eines Staatsstreichs auf ein Entgegenkommen der Westmächte gegenüber einer neuen, nicht nationalsozialistischen Regierung rechnen zu können. Insbesondere war die Vorstellung abwegig, Großbritannien bzw. die Westmächte könnten sich in diesem Fall dazu verstehen, eine deutsche Führungsposition in Europa zu akzeptieren, um sie als Bollwerk gegen die Sowjetunion zu benutzen. Wie bereits im Vorfeld der Münchener Konferenz, so zeigte sich auch im Krieg, daß aus der Sicht der westlichen Allianz (neben grundsätzlichen Fragen der politischen Legitimation einer solchen Regierung)

Konferenz von
Casablanca

Neuformierung
der konservativen
Opposition

die außenpolitischen Vorstellungen der konservativen Widerstandsbewegung einer möglichen Zusammenarbeit entgegenstanden. Vielmehr unterschieden diese sich in der Perspektive des Auslands kaum grundlegend von denen der gegenwärtigen politischen Führung in Deutschland. Auch hier verbot die Perzeption der „deutschen Gefahr" die Aufkündigung der alliierten Solidarität und die Abkehr von der Vereinbarung, den Krieg bis zum vollständigen Sieg über den gemeinsamen Gegner fortzusetzen.

Ein wesentlicher Schritt war dann die Eröffnung einer zweiten Front in Europa durch die Landung der Anglo-Amerikaner in der Normandie am 6. Juni 1944. Diese Invasion hatte Hitler seit langem erwartet, doch trat nun für ihn neben die Furcht vor der zusätzlichen militärischen Belastung auch die Hoffnung, hierbei die Schlagkraft der Wehrmacht erneut unter Beweis stellen zu können und so vor allem Großbritannien doch noch zu einem Arrangement mit dem Reich zu gewinnen. In der Zuversicht, durch Demonstration der nach wie vor beachtlichen militärischen Stärke Deutschlands die gegnerische Umklammerung durchbrechen, die Briten auf die eigene Seite ziehen und so in der „richtigen" Frontstellung den Krieg gegen die Sowjetunion siegreich beenden zu können, hatte der „Führer" sogar die Kräfte an der Ostfront reduziert.

Alliierte Invasion in der Normandie

Dies konnte dann die Rote Armee nutzen, als sie am dritten Jahrestag des deutschen Überfalls auf die Sowjetunion zu einer Großoffensive ausholte. Innerhalb weniger Tage brach die deutsche Heeresgruppe Mitte völlig zusammen, und den sowjetischen Streitkräften öffnete sich der Weg nach Westen, wo sie Ende Juli 1944 bereits bis zum San und zur Weichsel vordrangen. Gleichzeitig konnten auch die Westalliierten den bei der Invasion gebildeten Brückenkopf ausweiten und ihren Vormarsch fortsetzen. Während sie bereits im September 1944 die Westgrenze des Reiches erreichten, drangen sowjetische Truppen im Oktober 1944 nach Ostpreußen ein. Damit hatte der Krieg auf deutsches Territorium übergegriffen.

Vorstoß der Roten Armee

Hitlers Antwort auf diese Situation lag wiederum in dem Versuch, durch eine letzte Kraftdemonstration im Westen, eine Offensive durch die Ardennen, das Blatt noch zu wenden und zu einem Arrangement mit London zu kommen. Dies gelang aber ebenso wenig wie ein halbes Jahr zuvor; der Mitte Dezember 1944 begonnene Vorstoß kam schon nach wenigen Tagen zum Stehen. Damit waren die letzten deutschen Reserven verbraucht. Mittlerweile war auch der gesamte südosteuropäische Raum verloren gegangen, so daß sich die alliierten Truppen von allen Seiten den deutschen Grenzen

Ardennen-Offensive

näherten und sie schon bald überschritten. Im Februar und März fiel das gesamte linksrheinische Gebiet in die Hände der Anglo-Amerikaner, gleichzeitig konnte die Rote Armee bis zur Oder vordringen. Am 25. April 1945 kam es dann zu dem symbolträchtigen Zusammentreffen amerikanischer und sowjetischer Truppen bei Torgau an der Elbe.

Wenige Tage zuvor hatte der Endkampf um Berlin begonnen. Aus der bisherigen militärischen Zentrale in Ostpreußen in das Regierungszentrum zurückgekehrt, suchte Hitler in einem „politischen Testament" noch einmal seine außen- und rassenpolitischen Konzeptionen zu begründen, ja, er machte die mangelnde Radikalität bei der Durchführung seines „Programms" für die deutsche Niederlage verantwortlich. Einen Tag später, am 30. April 1945, beging er Selbstmord. Am 2. Mai kapitulierte die Reichshauptstadt. Die nachfolgende Regierung Dönitz suchte zunächst – ähnlich wie ihre Vorgängerin und doch unter anderer Perspektive, nämlich ohne die für Hitler zentrale rassische Komponente – sich mit den Westmächten gegen die Sowjetunion zu verbinden, doch war dies völlig aussichtslos. Was blieb, war der Schritt zur „bedingungslosen Kapitulation". Sie wurde am 7. Mai 1945 durch die deutsche Unterschrift unter die Gesamtkapitulation der Wehrmacht im alliierten Hauptquartier in Reims besiegelt, ein Akt, der einen Tag später im sowjetischen Hauptquartier in Berlin-Karlshorst wiederholt wurde. Am 9. Mai 1945, 0.01 Uhr, trat sie dann in Kraft. Damit war der Zweite Weltkrieg in Europa beendet und die politische wie militärische Macht im Deutschen Reich war in die Hände der Besatzungsmächte übergegangen.

Selbstmord Hitlers; Kapitulation Berlins

Deutsche Kapitulation

6. Zwischen Revision, Expansion und „Lebensraum"-Krieg – die Außenpolitik des Dritten Reiches in historischer Perspektive

Fragt man nach dem „Ort" der nationalsozialistischen Außenpolitik in der deutschen Geschichte, so scheint sie sich auf den ersten Blick nach dem 30. Januar 1933 in den Bahnen bewegt zu haben, die seit der Reichsgründung für die „gescheiterte Großmacht" [41: A. HILLGRUBER] konstitutiv waren. Dies bezieht sich zunächst einmal auf die Leitidee einer „halbhegemonialen" Stellung in Europa, die von dem Ziel machtpolitischer Unabhängigkeit und außenpolitischer Handlungsfreiheit nach allen Seiten gekennzeichnet

Kaiserreich und
Drittes Reich

und von militärischer (und in zunehmenden Maße auch wirtschaftlicher) Stärke geprägt und getragen war. Sie war Fixpunkt und Wunschbild der politischen Führungselite im Kaiserreich und (mit Abwandlungen) in der Weimarer Republik. Gewiß, Bismarcks Diplomatie, die sich die Wahrung des Erreichten und die Stabilisierung der latenten deutschen Großmachtposition zum Ziel gesetzt hatte, genügte seinen Nachfolgern nicht mehr; sie suchten statt dessen durch neue Akzente in ihrer Außenpolitik und durch das Ausgreifen nach Übersee den Durchbruch zur Weltmachtstellung zu vollziehen. Dennoch blieb auch für sie – bei allem Schwanken im einzelnen und bei aller „weltpolitischen" Attitüde – das Leitbild einer auf die Mitte des Kontinents sich gründenden Großmachtposition nach wie vor gültig. Erst mit der Vision eines wehrwirtschaftlich möglichst autarken, weit nach Osten ausgreifenden „Großraums", wie sie im Frieden von Brest-Litowsk Realität wurde, stieß die deutsche Außenpolitik in neue Dimensionen vor. Die Niederlage der Mittelmächte gegen die Entente machte diese Option dann zwar wieder zunichte, jedoch lösten sich die hier sichtbar gewordenen Vorstellungen nicht völlig auf.

Weimarer Revisionspolitik und
Drittes Reich

Das Ziel, dem Deutschen Reich in Europa eine Großmachtstellung zu verschaffen, blieb mit gewissen Modifikationen und Gewichtsverlagerungen auch für die Weimarer Außenpolitik konstitutiv. Ohne unterschiedliche Ansätze und Zielperspektiven dieser Jahre allzu stark in eine Schablone pressen zu wollen, läßt sich konstatieren, daß der Vorsatz zur Revision der neuen Grenzen und zur Abschüttelung auch der finanziellen und militärischen „Fesseln von Versailles", der allen relevanten politischen Kräften gemeinsam war, sich direkt oder indirekt an der Position des Kaiserreichs orientierte. Die Erfüllung dieser Forderungen sollte dann den Grundstein legen für den erstrebten machtpolitischen Aufstieg. Allerdings waren sich die Verantwortlichen durchaus bewußt, daß sie dieses Ziel wohl nur auf dem Wege der Verständigung erreichen konnten, bei der auf die Interessen der anderen europäischen Staaten Rücksicht zu nehmen war.

Veränderungen in
der Weltwirtschaftskrise

Mit der politisch-ökonomischen Doppelkrise zu Beginn der 1930er Jahre veränderten sich die inneren wie die äußeren Bedingungen der deutschen Außenpolitik, so daß die Realisierung der gesetzten Ziele nun schneller erreichbar schien. In mehreren Etappen vollzog sich der Übergang von dem eher gemäßigten Revisionskurs Stresemanns, der noch um Einbindung in eine europäische Gesamtordnung bemüht gewesen war, hin zur (frühen) Außenpolitik des

Dritten Reiches. Dabei suchte die politische Führung in Berlin zum einen die auf eine Großmachtposition zielende Revisionspolitik stärker als zuvor im Alleingang durchzusetzen, und zum anderen trat für sie die Intention der inneren und äußeren „Wiederwehrhaftmachung" und damit die Option einer militärisch bestimmten Machtpolitik stärker als bisher in den Vordergrund. Gerade in der „Kontinuität einer militärpolitisch akzentuierten außenpolitischen Zielsetzung über den 30.1.1933 hinweg" sieht z. B. ANDREAS HILL-GRUBER [41: Gescheiterte Großmacht, 76] die wichtigste Verbindung zwischen der (späten) Weimarer und der (frühen) nationalsozialistischen Außenpolitik. Diese Kontinuität läßt sich auch personell untermauern. Wichtige Repräsentanten des forcierten revisions- und machtpolitischen Kurses wie Neurath oder Blomberg, Hugenberg oder Papen beklei- „Zähmungs"-deten auch in der neuen Regierung der „nationalen Konzentration" Konzept bedeutende Kabinettsposten. Ihr bisheriges Bemühen, die NSDAP in eine neue (Präsidial-)Regierung einzubinden, hatte ja nicht zuletzt auf der Hoffnung beruht, hierdurch die Basis für eine machtpolitisch akzentuierte Revisionspolitik zu verstärken. Dem entsprach nun das Konzept der „Zähmung" und „Einrahmung" Hitlers, mit dessen Hilfe der Einfluß und das Gewicht des neuen Reichskanzlers auch im außenpolitischen Bereich kontrolliert werden sollte.

Diese Kontinuität kam ganz besonders im Auswärtigen Amt zum Ausdruck. Die dort in der Zentrale oder „vor Ort", in den jeweiligen Hauptstädten, tätigen Mitglieder des Auswärtigen Dienstes waren das stärkste Bindeglied in der deutschen Außenpolitik vor Personelle Konti-und nach dem 30. Januar 1933. Allerdings sollte sich die Zuversicht nuität im Auswärti-von Neuraths schon bald als Fehlschluß erweisen, daß ihm – ge- gen Amt stützt auf eine Mehrheit seiner Kabinettskollegen und auf die Rükkendeckung des Reichspräsidenten – auch in Zukunft der entscheidende Anteil an der Konzipierung der deutschen Außenpolitik zukommen würde. Dennoch blieb bei der Aufgabe, die von der politischen Spitze ausgehenden Impulse in konkrete Politik umzusetzen und diese Anweisungen „vor Ort" auszuführen, die Beamtenschaft der Wilhelmstraße im Verein mit den Mitgliedern des Diplomatischen Korps nach wie vor das entscheidende Instrumentarium. Je unmittelbarer der Blick auf den Gang der Beziehungen zu einzelnen außenpolitischen Partnern fällt und je stärker er auch der diplomatischen Alltagsarbeit die gebührende Beachtung schenkt, desto deutlicher tritt dies zutage. Gerade dort, wo die entsprechenden Weisungen und Vorstellungen Hitlers im außenpolitischen Bereich eher unbestimmt waren und die Angehörigen des Auswärtigen Dienstes einen gewissen Ermessens- und Entscheidungsspielraum für ihre Tätigkeit hatten, läßt sich dies erkennen. Ihre eher traditionellen außenpolitischen Leitvorstellungen prägten die deutsche Diplomatie in je spezifischer Weise.

Diese Tatsache darf jedoch nicht zu falschen Schlußfolgerungen verleiten.

Divergenz der Methoden und Ziele

Die vom Reichsaußen- im Verein mit dem Reichswehr- und dem Reichswirtschaftsminister propagierten revisionspolitischen Ziele gewannen im Zusammenhang von Hitlers außenpolitischem „Programm" eine neue Qualität, die ihr Gewicht und ihre Substanz veränderte. „Was für sie" – so ist von kompetenter Seite betont worden – „gleichsam Selbstzweck im Sinne traditioneller deutscher Großmachtpolitik zur Bildung eines Kraftzentrums in Mitteleuropa war, bildete für Hitler nur eine, nicht einmal die wichtigste Voraussetzung für seine singuläre weltpolitische Zielsetzung." Zwar habe der deutsche Diktator an Vorstellungen und Konzeptionen angeknüpft, die von der militärischen Führung zu Ende des Ersten Weltkriegs im Rahmen der „großräumigen" Ost-Lösung propagiert und in Brest-Litowsk auch realisiert worden seien, doch stellten seine entsprechenden Überlegungen „infolge der Überlagerung dieser weitgespannten machtpolitischen Komponente mit radikalen rassenideologischen Zielvorstellungen eines universalen Antisemitismus qualitativ etwas anderes dar als selbst die extremen expansionistischen ‚Programme' aus den letzten Jahren des Weltkrieges" [A. HILLGRUBER, Kontinuität und Diskontinuität in der deutschen Außenpolitik von Bismarck bis Hitler, in: 42: ders., Großmachtpolitik, 31]. Dies markiert den 30. Januar 1933 eindeutig als Zäsur in der deutschen Außenpolitik.

Revisionspolitik und „Lebensraum"-Konzept

In der Praxis ergab sich aus diesem Nebeneinander ein vielschichtiges und noch heute kontrovers gedeutetes Bild. Die revisionspolitischen Forderungen der Vergangenheit, nun mit neuer Vehemenz vorgetragen und teils auch durchgesetzt, bildeten den Vorhang, hinter dem sich Hitlers „Programm" zunächst noch verbergen, aber auch weiter entfalten konnte. Diese Dichotomie von Altem und Neuem, von traditioneller Großmachtpolitik und rassenideologisch begründetem „Lebensraum"-Konzept prägte die nationalsozialistische Außenpolitik seit ihren Anfängen. Die Normalität und Geschäftigkeit des diplomatischen Alltags, aber auch die Konzentration auf die Verwirklichung erster revisionspolitischer Schritte mochte dies verdecken, konnte diese Doppelgesichtigkeit jedoch nicht aufheben. Hinzu kam, daß Hitler – trotz Fixierung auf

sein „Programm" - im jeweiligen außenpolitischen Entscheidungsprozeß durchaus taktische Abweichungen, Improvisationen und
Umwege vollzog, die als Antwort auf Veränderungen in der internationalen Konstellation zu verstehen waren. Auch dies trug zur Ja-
nusköpfigkeit der (frühen) nationalsozialistischen Außenpolitik bei.

Die revisionspolitischen Erfolge, die die Jahre nach der
„Machtergreifung" prägten, beruhten auch darauf, daß die internationalen Rahmenbedingungen sich seit Beginn der 1930er Jahre zu   Veränderungen im
verändern begannen und daß der Handlungsspielraum Berlins sich   internationalen
damit erweiterte. Mit dem Rückzug der Großmächte aus der inter-   System
nationalen Kooperation, mit Frankreichs (politischem, wirtschaftli-
chem und militärischem) „repli sur l'Hexagone" und seiner Unter-
ordnung unter die englische, zu einem „appeasement of Germany"
tendierende Diplomatie, mit dem Scheitern des Prinzips der kollektiven Sicherheit zunächst im Fernen Osten, dann in Abessinien und
schließlich in Europa gewann die Außenpolitik des Dritten Reiches
eine Aktionsfreiheit, die die Regierungen der Weimarer Republik
nicht gehabt hatten und die die neue politische Führung im Sinne
ihrer nächsten Zielsetzungen auszunutzen verstand.

Durch die hierbei zunächst erreichten Erfolge erhielt Hitler Gelegenheit, nun konkrete Expansionsschritte ins Auge zu fassen, die
Voraussetzung und Ausgangspunkt seiner „eigentlichen" Ziele sein   Von Revision zu
würden. Dadurch wurde die Disparität der Ziele des Kanzlers einer-   Expansion
seits und des Auswärtigem Amtes bzw. der Reichswehrführung andererseits zunehmend deutlich. Spätestens in den Krisen der Jahre
1938 und 1939 mußte allen Beteiligten klar werden, daß der „Führer" nicht die Wiederherstellung und längerfristige Konsolidierung
der deutschen Großmachtposition in Europa anvisierte, sondern
daß seine Ziele darüber hinausgingen und daß er auch bereit war,
militärische Mittel einzusetzen. Diese Zielsetzung selbst wie auch
den Weg dorthin, der das bisher Erreichte zunichtemachen und „finis Germaniae" (Ernst von Weizsäcker) bedeuten konnte, lehnte die
sich formierende „nationalkonservative" Opposition entschieden
ab. Hierbei mußte sie sich jedoch eingestehen, daß sie sich über die
Absichten Hitlers getäuscht oder aber die eigenen Chancen zu dessen „Zähmung" überschätzt, ja, daß sie selbst die außenpolitischen
Erfolge mit geschaffen hatte, die dem deutschen Diktator nun zur
Grundlage seiner weiteren Expansionsschritte wurden.

Der entscheidende Wesenszug der nationalsozialistischen Außenpolitik trat dann im Laufe des Krieges mehr und mehr hervor,
nämlich der globale Herrschaftsanspruch und die in universalem

Maßstab zu verwirklichende rassische Utopie. In der Fortentwicklung und Präzisierung von Hitlers „Programm", wie es auf dem Höhepunkt seines politischen und militärischen Erfolges 1940/41 Gestalt annahm, wurde die Vision eines Anlaufs zur Welt(vor)herr-
schaft sichtbar, bei dem selbst den Vereinigten Staaten „die Stirne"
geboten und dem germanischen Großreich zum endgültigen Sieg
verholfen werden sollte. Diese spezifische Verflechtung von rassi-
schem Dogma und universalem Herrschaftsanspruch, bereits in Hitlers frühen Schriften angelegt und später programmatisch weiterentwickelt, prägte Anspruch wie Realität der deutschen Politik im
Zweiten Weltkrieg immer deutlicher. Im Reich selbst, in den besetzten Gebieten wie in Diplomatie und Kriegführung wurden die hierauf gegründeten bzw. die hiervon abgeleiteten Maßnahmen und
Entscheidungen mehr und mehr zum Beweggrund der deutschen
Politik.

Diese Perspektive einer globalen, auf der Dominanz der germanischen Rasse beruhenden Herrschaft führt das Dritte Reich aus der
Kontinuität der deutschen Außenpolitik heraus. Insgesamt ist der
Einschätzung zuzustimmen, daß „das nationalsozialistische
Deutschland danach [gestrebt habe], die Qualität der inneren und
internationalen Politik durch eine in universalem Maßstab zu verwirklichende rassische Utopie zu verändern. In ihr sollten die Bedingungen des bisher bekannten Verlaufs der Geschichte ein für
allemal außer Kraft gesetzt, jede soziale Bewegung im biologischen
Mythos der Rassenherrschaft zum Stillstand gebracht und das germanische Großreich endlich zur Weltherrschaft geführt werden"
[40: K. HILDEBRAND, Drittes Reich, 106]. Die Tatsache, daß dieses
Ziel nicht erreicht wurde, daß diese Vorhaben aufgrund des für das
Dritte Reich ungünstigen Kriegsverlaufs ab 1941/42 aufgegeben
werden mußten, minderte nicht die Bedeutung dieses „Programms", führte aber wohl dazu, daß Hitlers Kriegführung von
manchen Mitgliedern der zivilen oder militärischen Spitze noch immer als Fortschreibung der traditionellen Großmachtpolitik Berlins
bzw. als Wiederaufnahme der deutschen Ostpolitik von 1918 miß-
deutet wurde. Deshalb wirkten sie – trotz mancher Bedenken hinsichtlich des Kriegsverlaufs und der Besatzungspraxis – mit in diesem Krieg, obwohl sie damit objektiv wiederum dem deutschen
Diktator halfen, sein „Programm" zu verwirklichen.

Die von Hitler unternommene „letzte ... Steigerung europäischer Machtpolitik" [ebd.] führte dann allerdings zu einem entscheidenden politischen Bedeutungsverlust des alten Kontinents, da

Hitlers „Programm"

Rassenherrschaft als Ziel

Das „Ende" Europas

nun die Flügelmächte des internationalen Systems, die Vereinigten Staaten und die Sowjetunion, sich zu Herren Europas aufschwangen. Ihre Weltmachtposition, latent seit der Jahrhundertwende vorhanden, in der Zwischenkriegszeit aber im Zeichen einer letzten (Schein-)Blüte traditioneller Machtstaatspolitik zurückgedrängt, erlangten sie in und durch diesen Krieg, in den sie zur Abwehr der vom Dritten Reich ausgehenden Herausforderung eingetreten waren. Der symbolträchtige Handschlag von Soldaten beider Staaten in Torgau an der Elbe am 25. April 1945 machte diese neue Konstellation mehr als deutlich.

II. Grundprobleme und Tendenzen der Forschung

1. Grundpositionen der Deutung national-sozialistischer Außenpolitik

Die Deutungsmuster der Methoden und Ziele, der Beweggründe und Bestimmungsfaktoren, der Antriebskräfte und Resultate der Außenpolitik des Dritten Reiches gehen in weiten Teilen zurück auf Sichtweisen, die von Zeitgenossen in den 1930er und 1940er Jahren geprägt und dann von der Geschichtsforschung aufgegriffen und weitergeführt worden sind. Sie sollen hier anhand von vier Interpretationsmodellen vorgestellt werden:

a) In seiner 1952 publizierten Hitler-Biographie hat der englische Historiker ALAN BULLOCK Hitler als einen „völlig prinzipienlose[n] Opportunist[en]" dargestellt, dessen Außenpolitik allein vom „Willen zur Macht in seiner brutalsten und reinsten Form" geleitet worden sei. Hiermit griff Bullock auf Deutungen zurück, wie sie z. B. der Danziger Senatspräsident Hermann Rauschning gegen Ende der 1930er Jahre entwickelt hatte. In seinen „Gesprächen mit Hitler" hatte er den neuen Reichskanzler als Machtpolitiker einzuschätzen gelernt, dessen Außenpolitik ohne klare Zielsetzung gewesen sei und der von der Ausnutzung „günstige[r] Gelegenheiten" profitiert habe, „bereit, alles preiszugeben, was er bisher verfochten hatte, nur um seine Macht zu vergrößern". Hieran anknüpfend, sah Bullock in seiner „Studie über Tyrannei" den deutschen Diktator als einen von Fall zu Fall agierenden, die jeweilige internationale Konstellation ausnutzenden Politiker, dessen „einzige[s] Prinzip ... Macht und Herrschaft um ihrer selbst willen" [199: A. BULLOCK, Hitler, 794, 364] gewesen sei.

b) Dieser Interpretation hat sein Landsmann HUGH TREVOR-ROPER einen eigenen Deutungsversuch entgegengesetzt. In einem 1960 erschienenen Aufsatz über „Hitlers Kriegsziele" versuchte er anhand von vier „Schlüsseldokumenten" aus unterschiedlichen Jahren, durch die „Licht in die verborgensten Gedankengänge

Bullocks Deutung

Trevor-Ropers Deutung

Hitlers an den vier Wendepunkten seiner politischen Laufbahn fällt", nachzuweisen, daß dessen Denken und Handeln auf ein eindeutiges Ziel hin ausgerichtet gewesen sei. Auch hier knüpfte der englische Historiker an ältere Interpretationen an, wie sie etwa der Journalist Konrad Heiden in einer 1936/37 erschienenen Hitler-Biographie dargelegt hatte. Dort bereits wurde dem „Führer" ein „Plan der Weltherrschaft" zugeschrieben, den er in allen Einzelheiten nachvollziehe. Diese Sichtweise griff Trevor-Roper auf, ja, suchte sie durch Selbstzeugnisse Hitlers, die Heiden noch nicht vorliegen konnten, weiter zu untermauern. In diesem Sinne sah er hinter der Außenpolitik des Dritten Reiches Hitlers Willen, sein „Lebensraum-Konzept" zu verwirklichen, wobei dessen Grundzüge von den 1920er Jahren bis zur Niederlage 1945 konstant geblieben seien. Gerade die von ihm angeführten „Schlüsseldokumente" bezeugten in seiner Sicht eine „ausnahmslos absolute Übereinstimmung und Folgerichtigkeit im Denken und Handeln" des deutschen Diktators seit Beginn seiner politischen Tätigkeit, die dann die Grundlage eines „konsequenten, zielbewußten Vorgehens" [Hitlers Kriegsziele, in: 53: MICHALKA, (Hrsg.), Außenpolitik, 32] zur Verwirklichung dieser Zielvorstellungen gebildet habe.

Taylors Deutung c) Ein dritter englischer Historiker, A. J. P. TAYLOR, wiederum bestreitet, daß Hitler und seine engere Umgebung einen eigenständigen außenpolitischen Ansatz gehabt hätten. Er sieht die Außenpolitik des Dritten Reiches in der Kontinuität der Linie, die Stresemann und andere Politiker der Weimarer Republik vorgezeichnet hatten mit dem Ziel, die Versailler Ordnung zu revidieren und die Großmachtposition des Deutschen Reiches wiederherzustellen. Somit war für Taylor Hitlers Außenpolitik „‚kontinental' wie vorher die Stresemanns" im Sinne der Korrektur der deutschen Ostgrenzen und der Anerkennung und Bestätigung als gleichberechtigte europäische Macht. Hierbei stellt er Selbstzeugnisse Hitlers bewußt beiseite und bezieht sich im wesentlichen auf die diplomatische Korrespondenz des Auswärtigen Amtes, die in seiner Sicht noch am ehesten die Absichten und Zielsetzungen der politischen Spitze in Berlin wiedergibt. Somit kommt er zu der Einschätzung, daß Hitlers Außenpolitik „die seiner Vorgänger [war], der Berufsdiplomaten im Auswärtigen Amt und wirklich praktisch aller Deutschen ... Es gab gelegentlich Unterschiede in der Betonung ... Aber die generelle Struktur blieb unverändert" [99: A. J. P. TAYLOR, Ursprünge, 93 ff.].

d) Schließlich ist noch auf marxistische Forschungsansätze zu verweisen. Sie knüpfen im allgemeinen an die klassische Formel
vom Faschismus als der „offene[n] terroristische[n] Diktatur der
am meisten reaktionären, chauvinistischen und imperialistischen
Elemente des Finanzkapitals" an, wie sie das XIII. Plenum des
Exekutivkomitees der Kommunistischen Internationalen 1933
verkündet hatte, und suchen dieses Deutungsmuster weiterzufüh-
ren oder zu modifizieren. Somit leiten sie die nationalsozialistische Außenpolitik ab aus dem „Streben der Monopole und
Großbanken sowie des ihren Klasseninteressen dienenden
Staats- und Militärapparates nach Aggression und Neuaufteilung der Welt" [13: G. HASS/W. SCHUMANN (Hrsg.), Anatomie,
8], sprechen ihr jeden autonomen Charakter ab und interpretieren Hitlers Expansionspolitik als Prozeß, der „dem Wesen und
den Gesetzmäßigkeiten des Finanzkapitals" entspringe. Der
„Führer" selbst wird zum Agenten und „Büttel" der Industrie,
die darauf gehofft habe, ihre traditionellen imperialistischen
Ziele nun mit seiner Hilfe zu verwirklichen.

Diese vier Deutungsmuster bestimmen noch immer – wenn
auch mit Modifizierungen und Differenzierungen – die Interpretation der nationalsozialistischen Außenpolitik. Hierbei hat der marxistische Ansatz die geringsten Abwandlungen erfahren. So ist für
JOACHIM PETZOLD Hitler nach wie vor „der verlängerte Arm der
reaktionärsten und aggressivsten Gruppen des Monopolkapitals",
die in ihm den „letzten Retter in der Not" [213: Demagogie, 385 u.
XIII] gesehen und deshalb seine Kanzlerschaft betrieben hätten.
Auch KURT GOSSWEILER sieht „die erste Wurzel des Faschismus" in
dem „Drang der Finanzoligarchie nach Reaktion und Gewalt, ...
[in dem] dem Imperialismus ... innewohnende[n] offensive[n] Streben nach grenzenloser Ausdehnung seiner Macht" [205: Aufsätze,
579]. Dies habe sich dann in der Außen- und Kriegspolitik niedergeschlagen. Und auch die mehrbändige, von WOLFGANG SCHUMANN
und GERHART HASS herausgegebene Geschichte „Deutschland[s] im
zweiten Weltkrieg" geht von der Prämisse aus, daß dieser Krieg
„vom deutschen Imperialismus und Militarismus entfesselt [worden
sei]. Als Mittel aggressiver und expansionistischer Politik war er
eine gesetzmäßige Erscheinung der kapitalistischen Klassengesell-
schaft und bildete keine Ausnahme in ihrer Geschichte. Die deutschen Imperialisten und Militaristen hatten ihn geplant und bewußt
als Mittel ausersehen, ihren Anspruch auf die Vorherrschaft in
Europa und in der Welt durchzusetzen" [62: Bd. I, 23].

Der Versuch TIMOTHY W. MASONS, diese pauschale Sicht in Frage zu stellen, hat im Kreis dieser Historiker wenig Resonanz gefunden. Zwar ist Mason durchaus bereit, für die Anfangsjahre des Dritten Reiches das klassische marxistische Deutungsmuster von der Indienstnahme Hitlers durch die Industrie zu akzeptieren, doch sieht er spätestens seit 1936 eine zunehmende Unabhängigkeit „der Innen- und Außenpolitik der nationalsozialistischen Staatsführung … von der Bestimmung durch die ökonomisch herrschenden Klassen" [Der Primat der Politik – Politik und Wirtschaft im Nationalsozialismus, in: 53: W. MICHALKA (Hrsg.), Außenpolitik, 119]. Ja, er konstatiert sogar in wesentlichen Punkten eine Interessendivergenz zwischen beiden Teilen, so daß er zu der These vom „Primat der Politik" gelangt. Dem haben EBERHARD CZICHON, DIETRICH EICHHOLTZ und KURT GOSSWEILER den „Primat der Industrie im Kartell der nationalsozialistischen Macht" [70] entgegengehalten, der in ihrer Sicht durch Masons Argumentation nicht widerlegt worden sei. Damit wird – trotz mancher Differenzierungen hinsichtlich der Zusammensetzung und der Kräfteverhältnisse innerhalb dieses „Kartells" – die grundlegende Deutung Hitlers als eines Agenten der Industrie nicht in Frage gestellt, im Gegenteil, die Sichtweise von der nationalsozialistischen Außen- und Kriegspolitik als Ausdrucksform kapitalistischer Wirtschaftsinteressen und ihrer traditionellen Trägerschichten erneut unterstrichen. Somit können diese Autoren auf die Kontinuität der „Europa- und Weltherrschaftspläne … des deutschen Imperialismus von der Jahrhundertwende bis Mai 1945" [20: W. SCHUMANN/L. NESTLER (Hrsg.), Weltherrschaft] verweisen, die jede eigenständige außen- und rassenpolitische Zielsetzung des Dritten Reiches ausschließe.

Kontinuitätsthese   Taylors These von der Übereinstimmung der außenpolitischen Ziele Stresemanns und Hitlers ist von der historischen Forschung nicht akzeptiert und weitergeführt, wohl aber zum Anlaß genommen worden, nach Elementen der Kontinuität über das Jahr 1933 hinaus zu fragen, sei es hinsichtlich der Zielsetzung der deutschen Außenpolitik oder auch der Trägergruppen entsprechender Entscheidungen; hierzu sind bisher eine Fülle unterschiedlicher Antworten gegeben worden, auf die unten (Kap. 5a) noch einzugehen sein wird. Zudem hat sie den Blick geschärft für die Frage, wie weit das Dritte Reich – hier repräsentiert durch seine Außen- und Kriegspolitik – ein Produkt der deutschen Geschichte und ihrer Verwerfungen sei. In diesem Zusammenhang müssen jedoch die eher plumpen Versuche der „‚fundamental forces' school of thought"

[N. RICH, Hitler's Foreign Policy, in: 86: G. MARTEL (Hrsg.), Origins, 130] als mehr oder weniger gescheitert gelten, eine Linie „from Luther to Hitler" (so William M. McGovern 1946) zu konstruieren, die durch die Besonderheit der deutschen politischen Kultur, Denktraditionen oder auch wirtschaftlichen und sozialen Entwicklung geprägt worden sei und dann die nationalsozialistische Ideologie und Herrschaftspraxis bestimmt habe.

Sehr viel ernster zu nehmen sind dagegen die Interpretationsansätze derjenigen, die auf die Identität der deutschen Führungsgruppen vom Kaiserreich über die Weimarer Republik bis ins Dritte Reich verweisen und die Konstanz ihres außenpolitischen Expansionsstrebens betonen. So hat schon LUDWIG DEHIO Mitte der 1950er Jahre von den beiden Weltkriegen „als zwei Akten desselben Dramas" [201: Deutschland, 27] gesprochen und Vorgeschichte und Verlauf beider Kriege als doppelten Anlauf Deutschlands zur europäischen Hegemonie gedeutet. In Fortsetzung dieses Ansatzes hat auch FRITZ FISCHER den zweimaligen deutschen „Griff nach der Weltmacht" unterstrichen und zur Erläuterung auf das „Bündnis zwischen dem …‚Führer' … und den traditionellen agrarischen und industriellen Machteliten" im Dritten Reich, auf die „Kontinuität der Machtstrukturen" [204: Bündnis, 93] seit dem Bismarck-Reich wie auch auf die Kongruenz der ostpolitischen Zielsetzungen der deutschen politischen Spitze im Ersten und im Zweiten Weltkrieg hingewiesen. Ähnlich, wenn auch stärker auf die innenpolitische Entwicklung des Deutschen Reiches spätestens seit Mitte des 19. Jahrhunderts fixiert, hat HANS-ULRICH WEHLER die Außenpolitik des Dritten Reiches in der Kontinuität des Kaiserreiches gesehen und sie als Ausdruck eines „extremen Sozialimperialismus" gedeutet, der „durch den Aufbruch nach ‚Ostland' noch einmal den inneren Fortschritt aufzuhalten und von der inneren Unfreiheit abzulenken versucht" [217: Krisenherde, 161] habe.

Auch die These vom „prinzipienlose[n] Opportunist[en]" Hitler hat mittlerweile verschiedene Brechungen erfahren. Bereits in einer Neuauflage seiner Hitler-Biographie hat Bullock selbst sie – nicht zuletzt angesichts der Gegenargumente seines Kollegen Trevor-Roper – teilweise revidiert. Zudem sind seine Einsichten durch Deutungen ergänzt und modifiziert worden, die stark auf die innere Anarchie des Dritten Reiches, auf die Gleichzeitigkeit von herkömmlichem „Normenstaat" und terroristischem „Maßnahmestaat" und auf das Neben- und Gegeneinander verschiedener Machtträger abheben und damit die Irrationalität nationalsozialistischer Politik be-

Sozialimperialismus-These

tonen. Vor diesem Hintergrund haben verschiedene Historiker bestritten, daß die Entscheidungen der politischen Spitze in Berlin auf ein konkretes Ziel ausgerichtet und ihr Handeln durchdacht und rational gewesen seien. Statt dessen haben sie das Dritte Reich als eine „institutionelle Anarchie ohnegleichen" charakterisiert, in der „eine zunehmende Entsachlichung der Entscheidungsprozesse auf allen Ebenen des Systems" [55: H. MOMMSEN, Nationalsozialismus, 702] jede planmäßige und entschlossene Politik unmöglich gemacht, ja, in der die systemimmanente Tendenz zur kumulativen Radikalisierung und zur Steigerung der inneren Dynamik des Regimes schließlich seine Selbstzerstörung bewirkt habe.

Auch wenn diese Sichtweise stärker auf die innenpolitische Situation des Dritten Reiches ausgerichtet ist, so kann sie doch den außenpolitischen Sektor nicht aussparen. Hier hat zunächst MARTIN BROSZAT Hitlers Ziel, „Lebensraum" im Osten zu erobern, als „Metapher und utopische... Umschreibung [eines] ... kontinuierlichen Strebens nach immer mehr machtpolitischer Handlungsfreiheit" gedeutet, das nicht als „rationaler Handlungsplan auf ein konkret vorgestelltes begrenztes Objekt hin, sondern – ähnlich wie der Antisemitismus – als fanatisches Festhalten an einer in Gang gesetzten dynamischen Bewegung" zu verstehen und als „symbolische Endvorstellung für eine in Wahrheit auf unendlichen Progressus gerichtete Bewegung und Machtakkumulation" [Soziale Motivation und Führer-Bindung des Nationalsozialismus, in: 53: W. MICHALKA (Hrsg.), Außenpolitik, 114 f.] zu sehen sei. Ähnlich hat auch HANS MOMMSEN die Objekt- und Grenzenlosigkeit der machtpolitischen Zielsetzungen des Nationalsozialismus betont und bestritten, „daß Hitler ein ganz bestimmtes außenpolitisches System" [55: Nationalsozialismus, 702] befolgt habe. Diese Interpretationsansätze hat wiederum WOLFGANG SCHIEDER aufgenommen und weiterentwickelt. Er möchte in Hitlers außenpolitischer Programmatik „zwei Ebenen" unterscheiden, „zwischen denen es letzten Endes keine Vermittlung gab", nämlich zum einen „seine Vorstellungen einer außenpolitischen Endlösung", an denen er mit „fanatische[r] Konsequenz" festgehalten habe, und zum anderen „mehr oder weniger klar umschreibbare Objekte", die er mit großer „Beweglichkeit des Denkens und Handelns" zu verwirklichen gesucht habe. Als Fazit will Schieder Hitlers Außenpolitik „weder ausschließlich als Umsetzung von Langzeitprogrammen begreifen, noch ... als Produkt eines objektlosen Nihilismus ... erklären. Sie besteht vielmehr im ganzen aus einer oft widersprüchlichen Mischung von dogmatischer Starr-

Improvisierte Herrschaft

„Lebensraum" als Metapher

heit im Grundsätzlichen und äußerster Flexibilität im Konkreten. Aus dem Zusammenspiel dieser beiden Verhaltensweisen erklärt sich letzten Endes auch die besondere Dynamik und Aggressivität dieser Politik" [Spanischer Bürgerkrieg und Vierjahresplan, in: 53: W. MICHALKA (Hrsg.), Außenpolitik, 329].

Am wenigsten verändert worden ist die These Trevor-Ropers, daß Hitlers außenpolitisches Denken und Handeln sich an einem „Programm" orientiert habe. Allerdings sind diese Aussagen mittlerweile angesichts der Verbreiterung der Quellenbasis sowie durch das Auftauchen neuer Fragestellungen modifiziert und weiterentwickelt worden. Hier hat sich vor allem eine Kontroverse um die Frage ergeben, ob Hitlers Konzept kontinental ausgerichtet gewesen sei, also in der Schaffung eines deutschen Ostimperiums seinen Zielpunkt gefunden habe, oder ob sein Herrschaftsanspruch als global gekennzeichnet werden müsse, da letztlich die Welt(vor)herrschaft sein Fixpunkt gewesen sei. Wie Trevor-Roper betonen auch EBERHARD JÄCKEL [49: Weltanschauung] und AXEL KUHN [51: Programm], HANS-ADOLF JACOBSEN [Zur Struktur der NS-Außenpolitik 1933-1945, in: 37: M. FUNKE (Hrsg.), Hitler, 137-185] und DIETRICH AIGNER [Hitler und die Weltherrschaft, in: 53: W. MICHALKA (Hrsg.), Außenpolitik, 49-69] die kontinentale Dimension von Hitlers außenpolitischem „Programm". Für sie weist der Plan der Gewinnung neuen „Lebensraums" im Osten auf Hitlers Absicht hin, dort ein Kontinentalimperium unter Einschluß der Sowjetunion zu errichten, wobei diese neue eurasiatische „Weltmacht" den angloamerikanischen Weltmächten sowie Japan ebenbürtig hätte sein sollen. Demgegenüber hat bereits zu Beginn der 1960er Jahre GÜNTER MOLTMANN die globale Zielsetzung von Hitlers Außenpolitik betont und damit dessen „Weltherrschaftsideen" [88] dargelegt. Diese Interpretation hat dann ANDREAS HILLGRUBER [45: Strategie] aufgegriffen und durch eigene Forschungen weitergeführt, durch die er die Entfaltung und Ausformung der außenpolitischen Zielsetzung des „Führers" deutlicher als bisher nachzeichnen konnte. Hierbei entwickelte er einen „Stufenplan", nach dem Hitler in einem ersten Schritt ein sich über ganz Europa bis zum Ural erstreckendes Imperium habe erobern wollen, dem in einer zweiten Phase der Erwerb kolonialen Ergänzungsraums in Afrika habe folgen sollen, um so dieses neue Großreich in die Lage zu versetzen, in einem dritten Anlauf die Auseinandersetzung mit den USA zu bestehen. Damit wäre die Welt(vor)herrschaft erreicht gewesen. Diese Sichtweise teilen auch KLAUS HILDEBRAND [Hitlers „Programm" und seine Realisie-

„Kontinentalisten"

„Globalisten"

rung 1939–1942, in: 57: G. NIEDHART (Hrsg.), Kriegsbeginn, 178–224], JOCHEN THIES [Hitlers „Endziele", in: 53: W. MICHALKA (Hrsg.), Außenpolitik, 70–91] und MILAN HAUNER [80: Did Hitler?]; auch sie unterstreichen in ihren Forschungen die globale Dimension von Hitlers außenpolitischem „Programm". Insbesondere Hildebrand betont diese Zielperspektive, nämlich die Alternative „Weltmacht oder Untergang", an der in seiner Sicht der deutsche Diktator bis 1945 festgehalten habe.

2. Die Diskussion um Hitlers außenpolitisches „Programm"

Angesichts des hohen Stellenwertes, den die zeitgeschichtliche Forschung Hitler für die Formulierung wie für den Vollzug der Außenpolitik des Dritten Reiches zumißt, haben Entstehung und Entwicklung seines außenpolitischen „Programms" schon immer große Aufmerksamkeit gefunden. Der Schwerpunkt lag zunächst auf den frühen Ansätzen und Einflüssen, also insbesondere den alldeutschen und völkischen Zielsetzungen, die in den Jahren vor und nach dem Ersten Weltkrieg die Ansichten des späteren „Führers" geprägt haben. Gleichzeitig sind auch Rolle und Bedeutung Hitlers innerhalb der frühen NSDAP untersucht worden, in der sein außenpolitischer Ansatz mit anderen Positionen konkurrierte und sich erst allmählich durchsetzen konnte. Und schließlich haben verschiedene Historiker nach den entscheidenden Elementen dieses Konzepts gefragt und hierzu Hitlers Vorsatz gezählt, ein Bündnis mit Italien und Großbritannien abzuschließen, das den machtpolitischen Aufstieg des Deutschen Reiches abschirmen und ermöglichen sollte, aber auch dessen immer wieder bekundete Absicht betont, einen „Lebensraum"-Krieg gegen die Sowjetunion zu führen. Allerdings gibt es unterschiedliche Bewertungen in der Frage, seit wann diese zentralen Aussagen in Hitlers „Programm" ausgeformt gewesen seien. Während beispielsweise AXEL KUHN [51: Hitlers Programm] für die Zeit bis 1925 noch gewisse Schwankungen und Varianten in dessen außenpolitischen Vorstellungen festgestellt hat, konnte GEOFFREY STOAKES [97: Hitler] jüngst nachweisen, daß die genannten zentralen Elemente in ihren Grundzügen bereits 1922 vorhanden waren und daß Hitler nur aus taktischen Rücksichten seine Umgebung hierüber teilweise im unklaren gelassen habe.

Seine definitive Ausprägung – so die einhellige Forschungsmei-

Erste „programmatische" Aussagen vor 1925

nung – hat dieses „Programm" dann mit der Niederschrift von
„Mein Kampf" gefunden, so daß die Grundlinien der außenpolitischen Konzeption des „Führers" spätestens von 1924/25 an fest-   „Mein Kampf"
standen. Alle Autoren betonen die enge Verschränkung von außen-
und rassenpolitischen Zielsetzungen im Sinne der Eroberung neuen
„Lebensraums" im Osten des Kontinents. „„Neu' in dieser Konzeption", hierauf hat ANDREAS HILLGRUBER hingewiesen, „war, daß ra-
dikaler universaler Antisemitismus ... und ‚Lebensraum'-Gedanke
... unlösbar miteinander verknüpft wurden. Im Geschichtsbild eines
permanenten, gnadenlosen Kampfes der Völker um einen ihrer
wachsenden Größe angemessenen, aber nur bei ‚Rassenreinheit' zu
behauptenden ‚Lebensraum' fanden diese beiden Grundelemente
ihre Synthese." Dies läßt Hillgruber zu der Schlußfolgerung kommen, daß „die militärische Eroberung Rußlands zwecks Gewinnung
neuen ‚Lebensraums' und die Ausrottung der Juden in Hitlers Programm wie in seiner ... Realisierung untrennbar verknüpft waren"
[Die „Endlösung" und das deutsche Ostimperium als Kernstück des
rassenideologischen Programms des Nationalsozialismus, in: 43:
DERS., Großmacht- und Weltpolitik, 254 f., 257]. Dies macht für ihn
das Spezifische in Hitlers außenpolitischem Ansatz aus.

Im Sinne dieser Aussagen erschien die Sowjetunion als der
wichtigste machtpolitische und ideologische Feind des Dritten Rei-   Haltung zur
ches, sie zu erobern und zu zerschlagen, war der Fixpunkt dieser (er-   Sowjetunion
sten) Phase in Hitlers außenpolitischem „Programm". Sie wurde als
„Hort des Bolschewismus und des Judentums" eingestuft; durch ihren Untergang sollte der entscheidende Widerpart und „Todfeind"
des Nationalsozialismus ausgeschaltet werden und in den Weiten
des Ostens das deutsche Volk zudem den als notwendig erachteten
„Lebensraum" finden. Absichern und ergänzen wollte der „Führer"
dies durch ein Bündnis mit Großbritannien, das er durch das Ange-   Haltung gegenüber
bot einer Teilung der Interessensphären für einen solchen Schritt zu   England
gewinnen hoffte. Hierbei sollte das Deutsche Reich „freie Hand"
im Osten erhalten, während London – begünstigt durch den deutschen Verzicht auf Kolonial- oder Flottenforderungen – sich seinen
überseeischen Besitzungen und Interessen widmen könnte. Angesichts der Bedrohung der imperialen Stellung Großbritanniens
durch die Sowjetunion wie die USA habe – wie alle genannten Autoren betonen – Hitler geglaubt, daß jede um den Bestand der britischen Weltgeltung besorgte Regierung in Whitehall auf dieses für
sie so vorteilhafte Angebot eingehen würde. Flankiert werden sollte
dieses Bündnis schließlich durch eine Annäherung an das faschisti-

Haltung gegenüber Italien   sche Italien, durch die zum einen die gemeinsame ideologische Ausrichtung unterstrichen, zum anderen aber auch der „Erzfeind" Frankreich in Schach gehalten und (politisch oder militärisch) ausgeschaltet werden sollte.

Gerade die hier skizzierte bündnispolitische Konstellation würde es in Hitlers Augen ermöglichen, die bisherige Vormachtposition Frankreichs abzulösen, den deutschen Einflußbereich auf West- und Mitteleuropa auszudehnen und – gestützt auf diese Hegemonialstellung auf dem Kontinent und mit dem britischen Bündnis im Rücken – den Kampf um „Lebensraum" im Osten führen zu können.

Zwar weisen nahezu alle Historiker, die sich Hitlers außenpolitischem „Programm" gewidmet haben, darauf hin, daß auch in „Mein Kampf" die Perspektive einer Welt(vor)herrschaft des Deutschen Reiches angedeutet sei, doch steht, wie sie unterstreichen, die gegen die UdSSR gerichtete kontinentale Eroberungspolitik mit dem Ziel eines deutschen Herrschaftsgebiets vom Atlantik bis zum Ural eindeutig im Mittelpunkt. Mit der Entdeckung von Hitlers im

„Zweites Buch"   Jahr 1928 geschriebenem „Zweitem Buch" wird für sie dann aber deutlich, daß zu diesem Zeitpunkt der „Faktor Amerika" in seinem Denken einen zentralen Stellenwert einnahm; damit war die globale Dimension des deutschen Herrschaftsanspruchs verstärkt und präzisiert worden. In dieser erst 1961 veröffentlichten Schrift lenkte Hitler den Blick bereits über das zu erobernde Kontinentalimperium in Europa hinaus auf die Gewinnung eines kolonialen Ergänzungsraums in Afrika und auf die Schaffung einer starken Flotte mit Stützpunkten im Atlantik, durch die das Deutsche Reich nicht nur dem britischen Empire und den Vereinigten Staaten ebenbürtig werden, sondern auch in der Lage sein würde, den USA „die Stirne zu bieten". Zwar erwartete Hitler diese Auseinandersetzung erst für eine spätere Generation, doch war für ihn der Weg zu dieser machtpolitischen Konfrontation eindeutig vorgezeichnet. Damit wird für ANDREAS HILLGRUBER „erkennbar, ... daß ... der gesperrt gedruckte Satz in seinem ‚Kampf'-Buch, ‚Deutschland wird entweder Weltmacht oder überhaupt nicht sein', in einem ganz wörtlichen Sinne sein ‚Programm' umfaßte" [Der Faktor Amerika in Hitlers Strategie 1938-1941, in: 43: DERS., Großmacht- und Weltpolitik, 198] und daß die Zukunft hier allenfalls noch Konkretisierungen und Präzisierungen dieses „Programms" bringen würde.

In diesen Überlegungen steht die Rolle der beiden angelsächsischen Mächte im Mittelpunkt, während der deutsche Diktator in bezug auf andere Länder, also insbesondere auf die Sowjetunion und

auf Italien, seine bisherigen Positionen kaum modifiziert hat.
Vor allem aufgrund der Forschungen von JOSEF HENKE ist deutlich geworden, wie sich Hitlers Pläne hinsichtlich des britischen Inselrei-
ches dadurch verändert haben, daß dieser bevorzugte Bündnispartner sich seinen „Angeboten" nicht aufgeschlossen zeigte.

Henke weist nach, daß Hitler sich zunächst im Sinne seiner ursprünglichen
Vorstellungen um das geplante Bündnis mit Großbritannien bemüht und versucht habe, London die „Idee eines deutsch-britischen
Kondominats, England auf den Meeren und in Übersee, Deutschland auf dem europäischen Kontinent", nahezubringen, dann aber
habe er sich doch mehr und mehr gezwungen gesehen, das Scheitern
dieses Planes einzugestehen und die Allianzidee aufzugeben zugunsten der Einschätzung, daß er seine kontinentalen Ziele auch dann
erreichen könne, wenn das Inselreich sich abseits halten und die Offerten aus Berlin abweisen würde: „Nicht mehr mit England, wie es
Hitler in ‚Mein Kampf' geplant hatte" - so Henkes Fazit – „sondern
einfach ohne, möglichst aber nicht gegen England gedachte Hitler
fortan sein ‚Programm' zu verwirklichen" [Hitlers England-Kon-
zeption – Formulierung und Realisierungsversuche, in: 37: M.
FUNKE (Hrsg.), Hitler, 588 u. 594]. Zwar wurde, wie Henke betont,
auch jetzt der alte Bündnisgedanke nicht fallengelassen, er konnte
vielmehr jederzeit wieder aufgegriffen werden, doch schloß Hitler
für den entgegengesetzten Fall, daß nämlich Großbritannien sich
seinen außenpolitischen Zielsetzungen widersetzen würde, die Möglichkeit einer kriegerischen Auseinandersetzung nicht mehr aus. Damit war die letzte Etappe, die Haltung „gegen England", erreicht,
die den deutschen Diktator zu einer ursprünglich nicht vorgesehenen, ihm dann aber durch das Verhalten Whitehalls „aufgezwunge-
nen" Zwischenstufe seines „Programms", nämlich zur Verdrängung
Englands vom Kontinent und zu seiner militärischen Ausschaltung,
nötigte. Danach wollte er dann zu seinem „eigentlichen" Ziel, dem
Kampf um „Lebensraum im Osten", zurückkehren. Dies führte ihn
in die – im Sinne seines ursprünglichen Konzepts – „verkehrte"
Frontstellung des 3. September 1939.

Bedeutsamer aber waren die Modifikationen und Ergänzungen
in Hitlers außenpolitischem „Programm", die sich hinsichtlich des
Ausgreifens nach Übersee und des „Faktor[s] Amerika" in den
1930er und 1940er Jahren ergeben sollten. Bereits KLAUS HILDE-
BRAND hat darauf verwiesen, daß Forderungen Hitlers nach deutschem Kolonialbesitz immer eine doppelte Funktion hatten, daß sie
nämlich zum einen ein taktisches Mittel waren, um Großbritannien

[Randnotizen:] Hitlers England-politik

Der „Faktor" Amerika

unter Druck zu setzen und es zur Zustimmung zu den kontinentalen Zielen Berlins zu bewegen, und sie zum anderen einen Ansatzpunkt bildeten für erste Überlegungen, welche Stoßrichtung die deutsche Außenpolitik nach der Niederwerfung der Sowjetunion nehmen sollte. Damit wird für Hildebrand deutlich, daß die „Kolonialfrage als politisches Mittel und strategisches Fernziel der auf die Realisierung seiner Grundvorstellungen gerichteten Politik Hitlers" [82: Vom Reich, 772] eine wichtige Fortschreibung seines außenpolitischen „Programms" gewesen sei. In dieselbe Richtung weisen auch die Forschungen von JOST DÜLFFER; er sieht in Hitlers Entscheidung für den Bau einer großen Überwasserflotte, dem sogenannten „Z-Plan" vom Dezember 1938, ein Indiz dafür, daß dieser bereits im Vorfeld des geplanten „Lebensraum"-Kriegs im Osten „in seiner Gedankenbildung bei der Stufe einer Weltmachtpolitik angelangt war, die über den europäischen Kontinent hinaus reichte" [74: Weimar, 546] und die auf die globale Auseinandersetzung mit den USA hinwies.

Die Fortentwicklung von Hitlers außenpolitischen Vorstellungen im Vorfeld und während des Zweiten Weltkriegs wurde im einzelnen von ANDREAS HILLGRUBER aufgezeigt und analysiert. Er entwickelte einen als Forschungshypothese zu verstehenden „Stufenplan", den er so skizziert: „Dieser endete nicht ... bei der projektierten Eroberung neuen ‚Lebensraums' im Osten, sondern war ... weltweit angelegt. Auf die ‚Stufe' der Eroberung eines europäischen Kontinentalimperiums mit Rückhalt im eroberten Rußland sollte in einer zweiten ‚Stufe' imperialen Ausgreifens ein kolonialer ‚Ergänzungsraum' in Mittelafrika sowie ein Stützpunktsystem im Atlantik und Indischen Ozean gewonnen werden, das einer starken deutschen Überwasserflotte als Basis dienen sollte. Im Bunde mit Japan, nach Möglichkeit auch mit ... Großbritannien, sollten dabei die USA als weltpolitischer Hauptgegner zunächst auf dem amerikanischen Doppelkontinent isoliert und in der auf Hitler folgenden Generation – gleichsam in einem Kampf der Kontinente – gegen Amerika die Weltvorherrschaft des ‚Germanischen Reiches deutscher Nation' erkämpft werden" [84: Endlich genug?, 34 f.]. Zwar sind Bedenken artikuliert worden, Hitlers „Denken und Planen ... ex post so etwas wie die stringente Rationalität eines ‚Stufenplanes' von der europäischen zur Weltherrschaft zu unterstellen" [67: B.-J. WENDT, Großdeutschland, 176] und dessen eher sporadische Aussagen zu einer außenpolitischen Strategie zu verdichten, doch hat Hillgruber gegenüber diesen Einwänden auf sein Anliegen hinge-

„Programm" und „Stufenplan"

wiesen, die wesentlichen Triebkräfte und zentralen Ziele der Außenpolitik Hitlers zu erfassen, die – gegenüber allen „Improvisationen"
und taktischen Wendungen des deutschen Diktators – unverrückbar
gewesen seien. Dem habe die von ihm gewählte Terminologie („Stufenplan", „Programm") dienen sollen.

Dabei geht Hillgruber von der Einsicht aus, daß Hitler nach
der raschen und spektakulären Niederwerfung der europäischen
Nachbarn einschließlich des als militärisch stark angesehenen
Frankreich Überlegungen und Planungen habe erkennen lassen, die
einen tiefen Einblick in seine „letzten" Ziele ermöglichen. Auf dem
(vorläufigen) Höhepunkt seiner Macht angekommen, „anscheinend
oder scheinbar so ‚frei' wie nie zuvor und danach" [45: Strategie,
17] hat der deutsche Diktator und siegreiche Feldherr in Hillgrubers
Augen zwischen dem Juli 1940 und dem Juni 1941 die oben be-
schriebenen Zielsetzungen entwickelt und sie zu einem improvisierten „Gesamtkriegsplan" zusammengefügt. Nicht genug damit, zei- Hitlers „Gesamt-
gen aus seiner Sicht auch die Umrüstungspläne für die Wehrmacht kriegsplan" vom
aus dieser Zeit sowie die Entscheidung, das bei Kriegsbeginn zu- Herbst 1940
rückgestellte Bauprogramm für eine große Überwasserflotte wieder
aufzunehmen, daß bereits erste, vorbereitende Maßnahmen getroffen worden seien, um diese Zielperspektive zu verwirklichen.

Die in seiner großen Studie über „Hitlers Strategie" entwik-
kelte These, daß der deutsche Diktator „auf dem Höhepunkt der
Siegesillusionen im Juli 1941 nicht über die Abschirmung der östlichen ‚Hemisphäre' Europa-Asien-Afrika (zusammen mit Japan) in
Defensivstellung gegen die auf dem amerikanischen Doppelkontinent zu isolierenden USA hinausgegangen sei" [ebd., 731], hat Hillgruber angesichts neuer Quellenfunde modifiziert und ergänzt. Einen zentralen Platz in seiner Argumentation nimmt zum einen das
Gespräch Hitlers mit dem japanischen Botschafter Oshima vom
14. Juli 1941 ein, in dem der „Führer" den „Dreimächtepakt"-Part- „Weltblitzkrieg"
ner für ein umfassendes Offensivbündnis gegen die Sowjetunion
wie gegen die USA zu gewinnen versuchte, um beide „gemeinsam
[zu] vernichten". Zum anderen verweist er aber auch auf zeitlich
parallele militärische Planungen für die Zeit nach „Barbarossa", die
von entsprechenden Vorstößen gegen die britischen Stellungen im
Nahen Osten und in Indien wie vom Aufbau von Luftwaffenstütz-
punkten gegen die USA ausgingen und die begleitet waren von analogen Schwerpunktverlagerungen im Rüstungsbereich, mit deren
Hilfe die Voraussetzungen zur Durchführung dieser militärischen
Operationen geschaffen werden sollten. In diesem Sinne konstatiert

Hillgruber eine in den „Krisenwochen des Juli 1941" aufblitzende
Vision „eines einzigen globalen Krieges zweier die Kontinente und
Ozeane übergreifender ... Bündnisblöcke" [Der Zenit des Zweiten
Weltkrieges – Juli 1941, in: 46: DERS., Zerstörung, 290], bei der die
globale Konfrontation mit den Vereinigten Staaten eindeutig und
unmißverständlich in das Zentrum von Hitlers Planungen gerückt
sei. Allerdings sollte, wie er betont, die politische wie die militärische Entwicklung des Krieges die Realisierung dieses Konzepts
schließlich vereiteln.

3. Die einzelnen außenpolitischen Akteure und der außenpolitische Entscheidungsprozeß

Vor dem Hintergrund der Diskussion um die Rolle Hitlers im
Herrschaftsgefüge des Dritten Reiches und um die Bedeutung seines
„Programms" für Politik und Charakter des nationalsozialistischen
„Struktur" der Deutschland haben die Analyse des außenpolitischen Entschei-
nationalsozialisti- dungsprozesses sowie die Frage nach Rolle und Gewicht der hieran
schen Außenpolitik beteiligten Akteure großes Interesse gefunden. Grundlegend für die
Erörterung dieses Problemkreises ist noch immer HANS-ADOLF JA-
COBSENS Untersuchung zur „Nationalsozialistische[n] Außenpolitik" [47], in der der Autor – erstmals in dieser Breite – die verschiedenen Ämter und Institutionen beschreibt, die sich im Dritten
Reich mit außenpolitischen Fragen befaßten. Hierbei geht er von einem „doppelten Wesenszug im Charakter der NS-Außenpolitik" im
Sinne einer „traditionell-konservativen (d. h. revisionistischen) und
eine[r] revolutionären Ziel[setzung]" aus und spricht deshalb auch
von einem „traditionellen und revolutionären Instrumentarium der
Außenpolitik" [Zur Struktur der NS-Außenpolitik 1933–1945, in:
37: M. FUNKE (Hrsg.), Hitler, 171], das in seiner Verschränkung das
Neue und Dynamische ihres Erscheinungsbildes ausgemacht habe.
Neben den überkommenen Behördenapparat, insbesondere das
Auswärtige Amt, traten somit – wie Jacobsen in seiner Darstellung
betont – neue, nichtstaatliche Dienststellen wie das Außenpolitische
Amt der NSDAP unter Alfred Rosenberg, die Auslandsorganisation
unter E. W. Bohle oder auch die Dienststelle Ribbentrop, die nun
eine konkurrierende Tätigkeit gegenüber den traditionellen Institutionen, aber auch untereinander, entfalteten. Dem Einwand, daß
hierbei der Eindruck einer außenpolitischen „Systemlosigkeit" und
eines „Ämterchaos" entstehe, pflichtet Jacobsen durchaus bei, be-

tont aber gleichzeitig, daß dies die außenpolitische Kompetenz und Entscheidungsgewalt Hitlers nicht in Frage gestellt, sondern vielmehr begründet habe.

Der von Jacobsens großer Studie ausgehende Anstoß, sich dem Instrumentarium der nationalsozialistischen Außenpolitik und dem außenpolitischen Entscheidungsprozeß stärker als bisher zuzuwenden, ist bisher in unterschiedlicher Weise aufgenommen worden. Nicht von ungefähr steht das Auswärtige Amt als zentrale Schaltstelle und traditionelles Instrument außenpolitischer Entscheidungen wie außenpolitischen Handelns im Mittelpunkt dieser Forschungen. Dabei ist zum einen nach seiner Struktur und Organisation, nach der personellen oder inhaltlichen Einflußnahme seitens der NSDAP auf das Ministerium und zum anderen nach den außenpolitischen Konzeptionen des Außenministers und seiner Beamtenschaft gefragt worden. Hier hat lange Zeit die bereits bei Jacobsen formulierte Einschätzung vorgeherrscht, daß „die Angehörigen des höheren auswärtigen Dienstes ... eine weithin homogene, z. T. recht exklusive Beamtenschaft [gewesen seien], die Neurath während seiner Amtszeit gegen lästige Eingriffe der Partei geschickt abzuschirmen verstand" [Ebd., 143]. Erst mit Ribbentrops Ernennung zum Außenminister im Februar 1938 sowie mit den personalpolitischen Wechseln des Frühjahrs 1943, also insbesondere der Entlassung des bisherigen Staatssekretärs, von Weizsäcker, und seiner Ersetzung durch den (politisch unbedeutenden) Adolf Baron Steengracht von Moyland, habe dann eine stärkere Infiltration durch die Partei und eine korrespondierende Ausrichtung auf neue außenpolitische Ziele stattfinden können. An diesem Bild hat jüngst HANS-JÜRGEN DÖSCHER (104: Das Auswärtige Amt] Korrekturen angebracht und auf erfolgreiche personelle und institutionelle Einflußnahmen seitens der NSDAP und der SS bereits vor 1937 hingewiesen, aber auch die Beschleunigung dieser Entwicklung ab 1938 nachgezeichnet. Damit konnte er das Bild vom Auswärtigen Amt als einem „Bollwerk", dessen Beamtenapparat gegen nationalsozialistische Einflüsse weitgehend immun gewesen sei und das sich allenfalls taktisch an die neue Situation angepaßt habe, doch deutlich modifizieren, obwohl die Frage, wie weit und in welchen Teilen diese Einwirkungen die außenpolitische Linie dieses Ministeriums beeinflußt und verändert haben, noch der weiteren Erörterung bedarf.

Bei allen Überlegungen, wie weit das Auswärtige Amt alternative Konzeptionen zu derjenigen Hitlers entwickelt habe und in welchem Maße es diese habe durchsetzen können, stehen naturgemäß

Auswärtiges Amt und Diplomatischer Dienst

die Außenminister von Neurath und von Ribbentrop sowie die höhere Beamtenschaft in der Wilhelmstraße im Zentrum des Interesses. JOHN L. HEINEMAN hat in seiner Biographie [105: First Foreign
von Neurath Minister] Constantin Freiherr von Neurath als einen Repräsentanten der konservativen Bündnispartner Hitlers beschrieben, der – unfähig, die politische Dynamik und Zielsetzung der nationalsozialistischen Bewegung zu erfassen – es als seine Pflicht angesehen habe, auf seinem Posten auszuharren, sein Ministerium gegen personelle und politische Einflüsse von außen abzuschirmen und, gestützt auf die Rückendeckung des Reichspräsidenten, den neuen Reichskanzler zu außenpolitischer Mäßigung und zur Wahrung der bisherigen außenpolitischen Linie zu bewegen. Neuere Untersuchungen insbesondere zur Frage der außenpolitischen Kontinuität über das Jahr 1933 hinweg und zur Rolle Neuraths in dieser Zeit haben dieses Bild eines pflichtbewußten loyalen Staatsdieners, der allerdings den wachsenden Einfluß des „Führers" und seiner Partei nicht habe aufhalten können, mittlerweile korrigiert. Statt dessen wird auf seine Zustimmung zu und Mitwirkung an verschiedenen außenpolitischen Schritten Hitlers verwiesen, die seine Rolle und Funktion doch anders erscheinen lassen. Allerdings fehlt es bisher an einer neueren zusammenfassenden Studie über Hitlers ersten Außenminister.

Die außenpolitische Konzeption von Neuraths Nachfolger,
von Ribbentrop Joachim von Ribbentrop, hat mittlerweile WOLFGANG MICHALKA eindringlich analysiert. Dies bezieht sich zunächst einmal auf die Position, die dieser als Leiter der „Dienststelle Ribbentrop", als Hitlers außenpolitischer Berater und Sonderbevollmächtigter, als Botschafter in London und schließlich als Außenminister im Machtgefüge des Dritten Reiches eingenommen hat. Darüber hinaus zeigt Michalka aber auch die wachsenden Differenzen zu Hitler in der England-Politik auf, wo Ribbentrop sich zunehmend vom probritischen Kurs seines „Führers" entfernte und als Alternative zu dessen Bündniskonzeption einen gegen das britische Empire gerichteten eurasischen Kontinentalblock zu konstruieren versuchte. Damit – so sein Fazit – standen sich „Ribbentrops opportunistische Machtpolitik und Hitlers ideologisches Dogma ... unvereinbar gegenüber, so daß Ribbentrops ‚Realpolitik' an der Rassenideologie Hitlers schließlich scheitern mußte" [112: Ribbentrop, 305]. Dem entsprach sein schwindender politischer Einfluß spätestens seit der Jahreswende 1940/41, wenn er auch bis 1945 mit diesem Ressort betraut blieb.

Eine gründliche, auf einschlägiger Aktenbasis erarbeitete Darstellung der Struktur und Politik des Auswärtigen Amtes im Dritten Reich steht nach wie vor aus – die Studie von P. SEABURY [Die Wilhelmstraße, Frankfurt am Main 1956] genügt diesen Anforderungen nicht. Es fehlt auch an Arbeiten zur außenpolitischen Konzeption und zur Rolle einzelner höherer Beamter der Wilhelmstraße oder auch wichtiger Mitglieder im Diplomatischen Dienst, die zeigen könnten, wie weit auf dieser Ebene versucht worden ist, neue außenpolitische Ansätze zu formulieren und durchzusetzen. Hier haben allein die beiden Staatssekretäre Bernhard Wilhelm von Bülow und Ernst von Weizsäcker bisher in begrenztem Rahmen wissenschaftliche Beachtung gefunden. Hinsichtlich von Bülows, einem   von Bülow engen politischen Mitarbeiter von Neuraths, haben mehrere Autoren die Identität von dessen Zielvorstellungen mit denen seines Ministers betont und in ihm einen typischen Repräsentanten der konservativen Bündnispartner Hitlers gesehen, der der „Konzeption einer bedenkenlosen Risikopolitik mit völliger Ablehnung" [107: P. KRÜGER/E. J. C. HAHN, Loyalitätskonflikt, 389] begegnet sei und statt dessen eine forcierte Revisionspolitik befürwortet habe. Geprägt von dem Bemühen, „Politik zu führen nach Maßgabe der Staatsräson" [W. BUSSMANN, Das Auswärtige Amt unter der nationalsozialistischen Diktatur, in: 36: M. FUNKE (Hrsg.), Demokratie, 255], sei es sein Ziel gewesen, die Großmachtstellung Deutschlands in Europa wiederherzustellen, wobei sich für ihn aber der Einsatz militärischer Mittel verboten habe.

In ähnlicher Weise hat die Forschung auch eine Beamtengruppe um Ernst von Weizsäcker, vom Frühjahr 1938 bis zum Früh-   von Weizsäcker jahr 1943 Staatssekretär des Auswärtigen Amtes, in die Kontinuität der außenpolitischen Ziele der bisherigen Amtsführung gestellt. Den deutlichsten Beweis hierfür sehen diese Autoren in deren Bemühen, während der Sudetenkrise und im Vorfeld des Zweiten Weltkrieges unter Umgehung des Außenministers, den Weizsäcker als den eigentlichen Scharfmacher ansah, mäßigend auf Hitler Einfluß zu nehmen und ihn von seinem Kriegskurs abzubringen bzw. (nach 1939) zu einer baldigen Beendigung des Krieges beizutragen. Dies ist in ihrer Sicht nicht nur ein beredtes Zeugnis für die Fortexistenz entsprechender (Alternativ-)Konzeptionen, sondern läßt auch Handlungsmuster und Zielperspektiven, Möglichkeiten und Grenzen, Realitätsgehalt und Illusion derartiger Überlegungen paradigmatisch deutlich werden. Die Position des Staatssekretärs „zwischen Anpassung und Widerstand" [113: M. THIELENHAUS] sehen sie somit als symptomatisch für entsprechende Initiativen aus dem Schoße des Auswärtigen Amtes heraus an.

Neben den Außenministern sind auch weitere Akteure (auf Kabinettsebene) im außenpolitischen Entscheidungsprozeß nur ungenügend wissenschaftlich gewürdigt worden. Insbesondere fehlt eine Hjalmar Schacht Untersuchung über Hjalmar Schacht, der als Reichsbankpräsident und kommissarischer Reichswirtschaftsminister sowie generell als Repräsentant von Hitlers konservativen Bündnispartnern mit bedeutenden internationalen Kontakten zumindest in den ersten Jahren nach der nationalsozialistischen „Machtergreifung" eine wichtige Rolle spielen konnte. Trotz einiger Studien zur deutschen Außenwirtschaftspolitik und zum „Neuen Plan" muß die Frage nach seinem politischen Ansatz, nach seiner Zielperspektive wie nach seinem relativen Gewicht in Formulierung und Vollzug der deutschen Außenpolitik nach wie vor offen bleiben. Vor allem aber könnte an seiner Person der Weg von einem Anhänger des neuen Regimes, der in wichtigen Funktionen dessen erste außenpolitische Erfolge mit vorbereitete und mit trug, zu einem zunehmend auf Distanz gehenden Kritiker von Hitler und dessen Kurs verfolgt werden, der sich, als er sich die Unvereinbarkeit seiner Ziele mit denen des „Führers" eingestehen mußte, schließlich sogar dem Widerstand näherte. Dies wäre eine wichtige Fallstudie zum Prozeß zunehmender Entfremdung und Zieldisparität zwischen ehemaligen Bündnispartnern im Zuge der Entfaltung der nationalsozialistischen Außenpolitik.

Über Hermann Göring, nach der Ausschaltung Schachts mächtigster Mann im wirtschaftlichen Bereich, liegen seit kürzerem die Arbeiten von STEFAN MARTENS und ALFRED KUBE [108: Pour le mérite] vor, die auch dessen Rolle in der Außenpolitik des Dritten Reiches nachzeichnen. Beide weisen ihn als einen Politiker aus, der schon früh eine eigenständige Statur in diesem Bereich gesucht und dann im Zeichen des Vierjahresplans in der Außenwirtschaftspolitik einen Kurs verfolgt habe, der dem Schachts nicht unähnlich war. Vor allem in seiner Zielsetzung charakterisieren sie Göring als einen „wilhelminischen Allerweltspolitiker", der „einer mit unkalkulierbaren Risiken verbundenen Eroberungspolitik eine auf vertraglichem Wege zu erzielende ... territoriale Arrondierung des Reiches in Ost- bzw. Südosteuropa" [111: ST. MARTENS, Göring, 249] vorgezogen habe; nicht ein rassenideologischer „Lebensraum"-Krieg, sondern die Wiedererlangung der deutschen Großmachtposition, gestützt auf die politische und wirtschaftliche Hegemonie über die östlichen und südöstlichen Nachbarstaaten des Reiches, sei Richtmaß und Ziel seiner Aktivitäten gewesen. Zwar unterschied ihn nicht nur die langjährige Verbundenheit und politische Komplizenschaft mit Hitler von Personen wie Neurath oder Schacht, doch ließ – wie die Autoren betonen – auch Göring erkennen, daß er in außenpolitischen Fragen andere Wege suchte als sein „Führer". Der Mangel an politischem Profil wie der Vorrang von Hitlers Anschauungen bewirkten in ihren Augen jedoch, daß diese unterschiedliche Zielsetzung letztlich wirkungslos blieb.

Vor dem Hintergrund dieser außenpolitischen Konzeptionen ist die Frage nach dem Verlauf des außenpolitischen Entscheidungsprozesses im Dritten Reich und nach dem relativen Gewicht der an ihm beteiligten Akteure immer wieder gestellt und mit unterschiedlichen Akzentuierungen beantwortet worden. Offenkundig ist, daß der Eindruck monolithischer Geschlossenheit, wie er von Zeitgenossen und frühen Interpreten zum Teil erweckt wurde, nicht länger aufrecht erhalten werden kann. Demgegenüber hat insbesondere WOLFGANG MICHALKA dafür plädiert, „das ‚Pluralismus'-Modell in der nationalsozialistischen Außenpolitik zu erproben und anzuwenden" [Die nationalsozialistische Außenpolitik im Zeichen eines „Konzeptionen-Pluralismus", in: 37: M. FUNKE (Hrsg.), Hitler, 51], um so diesen Entscheidungsprozeß besser nachvollziehen, Alternativen zu Hitlers außenpolitischem „Programm" aufzeigen und nicht zuletzt dessen Stellenwert für die Außenpolitik des Dritten Reiches neu definieren zu können. Michalka selbst wie auch REINHARD BOLLMUS, der das „Amt Rosenberg" und dessen Position im nationalsozialistischen Herrschaftssystem untersucht hat, kommen auf Grund ihrer Forschungen zu der Auffassung, daß ein solcher „Konzeptionen-Pluralismus ... für die deutsche Außenpolitik als typisch bezeichnet werden" [112: W. MICHALKA, Ribbentrop, 305] könne und Hitlers Position je nach Anlaß und Umstand jeweils neu bestimmt werden müsse. Auch ALFRED KUBE konstatiert, daß „Hitlers außenpolitisches Programm ... für die Zeit vor der Entfesselung des Zweiten Weltkrieges ... nicht als alleiniger Schlüssel zur Erklärung der Außen- und Wirtschaftspolitik des ‚Dritten Reiches' herangezogen werden" könne, daß vielmehr „außenpolitische Handlungsträger wie Neurath, Göring und auch Ribbentrop ... keineswegs vollständig Hitlers außenpolitischer Richtlinienkompetenz unterworfen" gewesen seien. Kube entwickelt hierbei ein Verlaufsmodell, nach dem erst während des Jahres 1938 Hitlers Gewalt- und Kriegspolitik sich voll habe durchsetzen können, während bis zu diesem Zeitpunkt nationalkonservative Politiker oder auch Nationalsoziali-

These vom „Konzeptionen-Pluralismus"

sten wie Göring und Ribbentrop noch Mitwirkungsmöglichkeiten und Freiräume gehabt hätten, um ihre eigenen politischen Konzeptionen zu verfolgen. Damit vollzog sich in Kubes Sicht zu diesem Zeitpunkt ein „grundlegender Wandel in der Außenpolitik" im Sinne der „Radikalisierung der nationalsozialistischen Außenpolitik und ... [der] damit einhergehende[n] totale[n] Ausrichtung des Staates auf die Verwirklichung von Hitlers Endzielen" [108: Pour le mérite, 361, 363].

Eigenständigkeit von Hitlers „Programm"

Demgegenüber verweisen HILDEBRAND und HILLGRUBER, JACOBSEN und jüngst auch GRAML auf „die relativ hohe Eigenständigkeit des Hitlerschen ‚Programms', dessen inhaltlich umrissene Ziele vom Diktator als Intentionen formuliert und verwirklicht wurden". Zwar verkennen auch sie nicht die Tatsache, daß Hitler aus innenpolitischer Taktik, aus Rücksichtnahme auf die internationale Konstellation oder auch in Anbetracht un-„programm"-gemäßen Verhaltens seiner außenpolitischen Partner gezwungen war, Kompromisse einzugehen, taktische Rückzüge anzutreten oder auch den Konzeptionen anderer Mitglieder der politischen Spitze des Dritten Reiches Gehör zu schenken, doch hat ihn dies in ihren Augen „niemals zu grundsätzlichen Alternativen fort[reißen können], für die er nicht offen war" [40: K. HILDEBRAND, Drittes Reich, 197 f.]. Im Gegenteil, in ihren Augen waren Hitlers programmatische Ziele seit der „Machtergreifung" trotz aller Improvisationen und allen Zögerns, ungeachtet mancher taktischer Wendungen und bei allen Aktionen, die vorgeblich der Revision der bestehenden europäischen Ordnung dienten, Motor und Movens der deutschen Außenpolitik. „Allein Hitler hat bewirkt", so das pointierte Fazit HERMANN GRAMLS, „daß die Gesamtpolitik des Deutschen Reiches an der imperialen Lebensraum-Utopie orientiert blieb, d. h. die Innenpolitik trotz aller Schwierigkeiten nahezu ausschließlich in den Dienst rücksichtsloser Kriegsvorbereitung gestellt und die Außenpolitik trotz aller Gefahren zum Vehikel für die Ostexpansion umgeschmiedet wurde." Auch vermag Graml eine unmittelbare und entscheidende Mitwirkung von Dritten an den wichtigen außenpolitischen Aktionen nicht zu erkennen, vielmehr handelte der „Führer" in seiner Sicht „allein und frei, nur jenen Zwängen ausgesetzt, die er sich mit der nationalsozialistischen Programmatik selbst geschaffen hatte" [Wer bestimmte die Außenpolitik des Dritten Reiches?, in: 36: M. FUNKE (Hrsg.), Demokratie, 232 u. 234]. Damit sind Rolle und Stellenwert des deutschen Diktators im außenpolitischen Entscheidungsprozeß eindeutig umschrieben.

4. Die Außenpolitik des Dritten Reiches: Quellenpublikationen und Standardwerke

Die Quellenlage zur Geschichte des Dritten Reiches ist selbst heute noch nicht nur für Historiker, sondern „auch für die Archivare so unübersichtlich" [J. HENKE, Das Schicksal deutscher zeitgeschichtlicher Quellen in Kriegs- und Nachkriegszeit. Beschlagnahme – Rückführung – Verbleib, in: VfZG 30 (1982) 558] und lückenhaft, daß generelle Aussagen zu diesem Komplex nach wie vor nicht möglich sind. Kernbestand sind die Archivmaterialien, die *Archivlage* bei Kriegsende den Alliierten in die Hände fielen. Hierbei haben sich – bedingt durch Kriegseinwirkungen, einen Vernichtungsbefehl seitens der politischen Spitze vom 10. April 1945 sowie nicht zuletzt durch Kriegsfolgen – unterschiedliche Lücken in den einzelnen Beständen ergeben. Teile dieser „Beuteakten" sind für den Nürnberger Prozeß 1945/46 und die Nachfolgeprozesse als Anklagematerial ausgewertet und in Auswahl [17: Nürnberger Prozesse] veröffentlicht worden. Nach Rückgabe des größten Teils der erbeuteten Akten an deutsche Stellen stehen sie mittlerweile in den entsprechenden Archiven in der Bundesrepublik und in der DDR der Forschung zur Verfügung.

Angesichts der Kriegs- und Nachkriegsverluste, aber auch mit Blick auf Regierungsstil und Regierungspraxis, bei dem sich wichtige Entscheidungen, Entschlüsse oder Überlegungen häufig nicht in entsprechenden Aktenvorgängen niederschlugen, ist die Überlieferung zur Geschichte des Dritten Reiches im allgemeinen sehr uneinheitlich. Dies gilt auch für die Außenpolitik zumal mit Blick auf einen analytischen Ansatz, der die verschiedenen Aspekte des Entscheidungsprozesses darlegen sowie die jeweiligen inneren und äußeren Bedingungsfaktoren benennen und in einer Synthese verknüpfen möchte.

Die einschlägigen Zentralakten aus dem Bereich von Staat und Partei, Verbänden, Institutionen etc. sind – soweit sie sich nicht mehr in alliiertem Besitz befinden – mittlerweile im Zentralen Staatsarchiv in Potsdam, im Bundesarchiv in Koblenz (und seiner Außenstelle, dem Bundesarchiv/Militärarchiv in Freiburg/Br.) sowie im Politischen Archiv des Auswärtigen Amtes in Bonn archiviert und der zeitgeschichtlichen Forschung verfügbar. Weitere Materialien, insbesondere Nachlässe oder andere Unterlagen privater Herkunft, sind jeweils hinzuzuziehen. Wichtigster Einzelbestand zur Außenpolitik des Dritten Reiches sind die Materialien im Politi-

schen Archiv des Auswärtigen Amtes, das die nahezu vollständig erhaltenen Bestände des Außenministeriums enthält. Die auf dieser
Akteneditionen Grundlage entstandene Dokumentation der „Akten zur deutschen
auswärtigen Politik 1918–1945" [2] ist mittlerweile für die Zeit des
Dritten Reiches abgeschlossen und gewährt – zusammen mit entsprechenden Editionen der diplomatischen Akten anderer Staaten –
einen breiten Einblick in Konzipierung und Ablauf der nationalsozialistischen Außenpolitik.

Hinsichtlich weiterer Editionen und Dokumentationen sind zunächst einmal die „Akten der Reichskanzlei" [3] zu nennen, die die
jeweiligen Kabinettsprotokolle sowie ergänzende Quellentexte zu
diesen Aufzeichnungen enthalten. Weiteres Material bietet auch die
Dokumentensammlung „Ursachen und Folgen" [21], in der Quellen
unterschiedlicher Herkunft zur deutschen Innen- und Außenpolitik
seit 1918 publiziert worden sind. Für Hitlers außenpolitisches Konzept muß – neben „Mein Kampf" und dessen „Zweitem Buch" –
vor allem auf die von MAX DOMARUS besorgte Sammlung seiner Reden [27] verwiesen werden. Für die Zeit des Zweiten Weltkriegs gewähren die von ANDREAS HILLGRUBER herausgegebenen vertraulichen Aufzeichnungen über Unterredungen europäischer und außereuropäischer „Staatsmänner und Diplomaten bei Hitler" [15] sowie
die Mitschriften von „Hitlers Tischgesprächen" [26 u. 28] wesentliche Einsichten in außenpolitische Absichten und Zielsetzungen des
deutschen Diktators. Nicht zuletzt gilt dies auch für entsprechende
Dokumentationen aus dem Bereich von Kriegführung und Kriegspolitik – so etwa „Hitlers Weisungen für die Kriegführung" [16],
das „Kriegstagebuch des Oberkommandos der Wehrmacht" [18]
oder auch das Kriegstagebuch des Chefs des Generalstabs des Heeres, FRANZ HALDER [22] – sowie für weitere Selbstzeugnisse und
Aufzeichnungen Beteiligter, die hier nicht im einzelnen vorgestellt
werden können. Sie ergänzen das Bild der nationalsozialistischen
Außen- und Kriegs(ziel)politik.

Mit der Rückgabe der alliierten „Beuteakten" und der Bereitstellung dieser Materialien für die zeitgeschichtliche Forschung zu
Beginn der 1960er Jahre setzte eine intensive wissenschaftliche Auseinandersetzung um Strukturen und Erscheinungsformen des nationalsozialistischen „Führerstaates", um Verlauf und Ergebnisse seiner Innen- und Außenpolitik wie um seinen „Ort" in der deutschen
und europäischen Geschichte ein. Dies hat mittlerweile zu einer
Fülle einschlägiger Studien zu verschiedenen Aspekten und Problemen der auswärtigen Politik des Dritten Reiches geführt.

Noch immer wichtig und nach wie vor als „wegweisendes Standardwerk zur NS-Außenpolitik" [67: B.-J. WENDT, Großdeutschland, 217] gerühmt ist HANS-ADOLF JACOBSENs bereits erwähnte Arbeit zur „Nationalsozialistische[n] Außenpolitik 1933-1938" [47]. Ihr zur Seite steht mittlerweile eine Zahl weiterer Gesamtdarstellungen, die – in je unterschiedlicher Breite und mit je unterschiedlichen Blickrichtungen – sich dieser Thematik widmen. Anzuführen ist zunächst KLAUS HILDEBRANDS knappe, den Gang der „Deutsche[n] Außenpolitik 1933-1945" [39] prägnant nachzeichnende Studie, in der der Autor im Mit- und (schließlichen) Gegeneinander von rational kalkulierter Machtpolitik und rassisch-weltanschaulichem Dogma Antriebskraft und Strukturelement der nationalsozialistischen Außenpolitik sieht. Ferner gehört hierzu die stärker diplomatiegeschichtlich orientierte Untersuchung von GERHARD L. WEINBERG [66: Foreign Policy], die die Politik Berlins gegenüber den europäischen und außereuropäischen Staaten in diesem Zeitraum detailliert nachzuzeichnen sucht. Zu nennen ist darüber hinaus MANFRED MESSERSCHMIDTS Darstellung zur nationalsozialistischen „Außenpolitik und Kriegsvorbereitung" innerhalb des vom Freiburger Militärgeschichtlichen Forschungsamt herausgegebenen, auf zehn Bände angelegten Sammelwerkes „Das Deutsche Reich und der Zweite Weltkrieg" [32]. Zusammen mit den anderen Beiträgen im ersten Band dieses Projekts, der der Vorkriegszeit gewidmet ist, will sie „Ursachen und Voraussetzungen der deutschen Kriegspolitik" [Bd. I] darlegen und somit die Grundlage für die weiteren, dem Zweiten Weltkrieg selbst gewidmeten Bände schaffen.

Messerschmidts Diktum, daß „Hitler im Rahmen der Kriegsvorbereitungspolitik letztlich den Kurs bestimmt" [Bd. I, 22] habe, entspricht der Meinung weiterer Autoren, die sich der nationalsozialistischen Außenpolitik zugewandt haben. Dies gilt zunächst einmal für NORMAN RICH, der die gesamte Politik des Dritten Reiches unter die Zielperspektive gestellt sieht, die rassenideologisch begründeten „War Aims" [58] des deutschen Diktators zu verwirklichen. Ähnlich sieht auch CHARLES BLOCH [29: Le IIIe Reich] die Außenpolitik des Dritten Reiches an das Ziel gebunden, Hitlers Welt(vor)herrschaftspläne in die Realität umzusetzen. Und ebenso stehen die beiden jüngsten Darstellungen zu dieser Thematik aus der Feder von HANS-ULRICH THAMER und BERND-JÜRGEN WENDT unter der Leitlinie, daß „die Handschrift Hitlers ... gerade in der Außenpolitik stets und überall sichtbar" [67: Großdeutschland, 116] war. Zwar betonen beide Autoren durchaus die Kontinuitätslinien

Standardwerke zur Außenpolitik

Wichtige Monographien

zum Wilhelminischen Imperialismus und zur Weimarer Revisionspolitik wie auch die Elemente der Improvisation und der taktischen
Wendungen in der nationalsozialistischen Außenpolitik, doch än-
dert dies nichts an ihrer Überzeugung, daß „das Eroberungspro-
gramm im Osten und der Gedanke eines Lebensraumkrieges ... bin-
nen kurzer Zeit zum bestimmenden Faktor der deutschen Außenpolitik" [63: H.-U. THAMER, Verführung, 524] geworden seien.

Aufsatz-
sammlungen

Neben diese Gesamtdarstellungen treten mehrere Aufsatzsammlungen, die einen Überblick über den Diskussionsstand zu
diesem Themenkreis zu geben suchen. Der von WOLFGANG MI-
CHALKA herausgegebene Reader [53: Außenpolitik] präsentiert in einem ersten Teil Aufsätze verschiedener Autoren zu Grundproble-
men und -interpretationen zur Außenpolitik des Dritten Reiches,
um dann in einem zweiten Abschnitt Falluntersuchungen zu einzelnen Fragen bzw. Ereignissen anzuschließen. Diesem Muster folgt
auch MANFRED FUNKE [37: Hitler], der jedoch im letzten Teil seines
Bandes einen bilateralen Ansatz wählt, um so die Beziehungen
Deutschlands zu einzelnen europäischen und außereuropäischen
Ländern nachzuzeichnen. Diesen beiden Bänden zur Seite stehen
verschiedene Aufsatzsammlungen zur Politik der Bündnispartner
und Gegner Berlins gegenüber der nationalsozialistischen Herausforderung [34: E. FORNDRAN u. a. (Hrsg.), Innen- und Außenpolitik;
56: W. MOMMSEN/L. KETTENACKER (Hrsg.), Fascist Challenge; 59:
K. ROHE (Hrsg.), Westmächte; 68: W. BENZ/H. GRAML (Hrsg.),
Sommer 1939], durch die das Bild vom Deutschen Reich im internationalen Mächtesystem 1933-1945 abgerundet wird.

Deutsch-britische
Beziehungen

Am gründlichsten erforscht dürfte bisher das deutsch-britische
Verhältnis sein. Dies ist nicht verwunderlich, muß das Inselreich
doch als „Schlüssel im Schloß der deutschen Außenpolitik und ihrer expansiven Herausforderungen" [39: K. HILDEBRAND, Außenpolitik 28] angesehen werden. Nicht nur „in Hitlers politischem Kalkül" [136: J. HENKE, England] kam London die ausschlaggebende
Rolle zu, auch für andere Mitglieder der politischen Führung in
Berlin – Neurath, Ribbentrop, Göring, Weizsäcker etc. – war, wie
die entsprechenden Biographien zeigen, die britische Seemacht der
entscheidende Ansprechpartner und Widerpart. Aber auch für Bewegungsspielraum, Erfolgsbilanzen wie Scheitern der deutschen
Außenpolitik galt, daß dies in hohem Maße von der Haltung Whitehalls abhing. Vor diesem Hintergrund sind eine Fülle von Untersuchungen zum Gang der bilateralen Beziehungen, zur Rolle einzelner
Akteure wie zur Politik beider Teile im internationalen Mächte-

system entstanden, die von der „Machtergreifung" über Flottenabkommen und Rheinlandbesetzung, „München" und „Prag" bis hin
zu der zwischen „Friedensinitiativen und Machtpolitik" [52: B.
MARTIN] oszillierenden Haltung Berlins im Zweiten Weltkrieg reichen.

Für die Untersuchung der deutsch-französischen Beziehungen   Deutsch-französi-
kann – zumindest für die Zeit vor dem Zweiten Weltkrieg – ein so sche Beziehungen
positives Urteil nicht gefällt werden. Zwar gibt es einige Aufsätze
und Studien zu diesem Themenkomplex, doch fehlt es nach wie vor
an einer umfassenden Darstellung des Verhältnisses zwischen Berlin
und Paris in diesen Jahren, die die einzelnen Faktoren und Ebenen
ausgeleuchtet und in eine Gesamtbild integriert hätte. Für die
Kriegszeit ist dagegen die Rolle „Frankreich[s] in Hitlers Europa"
[142: E. JÄCKEL] besser untersucht worden, ob es sich nun um Fragen der politischen Zukunft des Landes, um das Verhältnis Berlins
zu Vichy oder auch um die deutsche Besatzungspolitik handelt. Gerade in letzterer Hinsicht können die entsprechenden Forschungser-
gebnisse zur politisch-administrativen und wirtschaftlichen Neuordnung, zur polizeilichen und militärischen Sicherung oder auch zu
den rasseideologisch begründeten Aktionen der deutschen Besat-
zungsmacht als wegweisend für das gelten, was für andere Länder
bzw. Territorien innerhalb des deutschen Machtbereichs teils noch
zu leisten ist.

Hinsichtlich Italiens ist die Situation wiederum günstiger. Die   Deutsch-italieni-
Kontakte der NSDAP und ihrer führenden Repräsentanten zum fa-   sche Beziehungen
schistischen Vorbild und Leitstern, die „Entstehung der Achse Berlin-Rom" [156: J. PETERSEN], aber auch der weitere Verlauf der politischen Beziehungen nach diesem Bündnisabschluß haben ein breites wissenschaftliches Interesse gefunden. Dies gilt ebenso für die
Bereiche, in denen sich die politischen Absichten Berlins und Roms
überschnitten – so in Österreich, Südtirol und im Balkanraum –, wie
für die Felder gemeinsamer Interessen – so in Spanien –, durch die
dann der „Stahlpakt" geschmiedet und schließlich zu einem militärischen Bündnis ausgeweitet werden konnte. Auch wenn nach wie
vor noch einzelne Probleme und Fragestellungen der Erforschung
harren, können doch die entscheidenden Elemente der „brutalen
Freundschaft" [124: F. W. DEAKIN] zwischen beiden Diktatoren als
relativ gut untersucht gelten.

Das Verhältnis des nationalsozialistischen Deutschland zu den
kleineren europäischen Staaten ist im allgemeinen unter dem   Kleinere euro-
Aspekt der wirtschaftlichen und politischen Abhängigkeiten von   päische Staaten

Berlin analysiert worden. Dies gilt vor allem für die südosteuropäischen Länder, wo das Dritte Reich seine Vormachtstellung schon bald ausspielen und ein „Informal Empire" [135: W. S. GRENZEBACH] aufbauen konnte. Die Staaten des Donauraums haben damit vielfach als Beispiel für die Verschränkung von Kontinuität und Neuansatz in der Außenpolitik des Dritten Reiches gedient, da hier ältere Vorstellungen zum Aufbau eines mitteleuropäischen Großwirtschaftsraums, wie sie etwa vom Auswärtigen Amt, von Schacht oder auch Göring vertreten wurden, gegen Hitlers „Lebensraum"-Konzept standen und hiervon mehr und mehr verdrängt worden sind. „Für ihn", so ist jüngst betont worden, „ging es nie um einen ‚Großwirtschaftsraum', sein ‚Lebensraum' war sowohl weltanschaulich, geographisch wie politisch anders gelagert" [149: A. KUBE, Außenpolitik, 208]. Mit gewissen Modifikationen haben verschiedene Historiker dieses Interpretationsmodell auf die skandinavischen wie auf die baltischen Staaten übertragen; auch hier konnten sie zeigen, daß Überlegungen ökonomischer Penetration und Dominanz schließlich rassenideologischen Konzeptionen weichen mußten, die mehr und mehr zum bestimmenden Faktor der deutschen Politik gegenüber diesen Staaten wurden.

Von den anderen Ländern an der europäischen Peripherie hat insbesondere Spanien große Aufmerksamkeit gefunden, da die Antriebskräfte der deutschen Politik in diesem Bereich lange Zeit umstritten waren. Zu jenen Kräften hat man zum einen die Absicht gezählt, durch die Intervention in den Spanischen Bürgerkrieg auf seiten der Aufständischen der noch im Aufbau begriffenen deutschen Luftwaffe ein Erprobungs- und Übungsfeld zu erschließen. Daneben hatten auch die Bemühungen der deutschen Seite Beachtung gefunden, sich die Hilfe für Franco durch Einräumung ökonomischer Vorteile bezahlen zu lassen. Allerdings dürften mittlerweile die politisch-ideologischen Motive „Hitler[s] in der spanischen Arena" [115: H. H. ABENDROTH] als entscheidend angesehen werden, nämlich die Absicht, die Ausbreitung des Kommunismus auf die westliche Flanke des Kontinents zu verhindern, wie auch die Hoffnung, die Kooperation mit dem faschistischen Italien ausbauen und die Aufmerksamkeit der Westmächte von den eigenen Grenzen ab- und auf den spanischen Konflikt hinlenken zu können.

Zur deutschen Politik gegenüber den beiden Flügelmächten des internationalen Systems, der Sowjetunion und den Vereinigten Staaten von Amerika, fehlt es nach wie vor an Gesamtdarstellungen, die den Gang der diplomatischen Beziehungen, die wirtschaft-

Deutsche Politik gegenüber Spanien

lichen Kontakte, die Propaganda- und Parteiaktivitäten wie auch die ideologische Dimension nachgezeichnet hätten. In Bezug auf die UdSSR sind die Lücken besonders deutlich. Das Rußlandbild füh- *Deutsch-sowjeti-* render Vertreter der politischen und militärischen Spitze in Berlin, *sche Beziehungen* das Zusammenspiel und der Gegensatz zwischen Hitler und seinen (konservativen) Koalitionspartnern wie führenden Repräsentanten der NSDAP, aber auch die einzelnen Stationen der deutschen Politik gegenüber der Sowjetunion vor dem Hintergrund von machtpolitischem Kalkül und ideologischer Gegnerschaft bedürfen noch vertiefter Forschungen. In diesem so komplexen Verhältnis „zwischen dem Aggressor und seinem Opfer" [A. KUHN, Das nationalsozialistische Deutschland und die Sowjetunion, in: 37: M. FUNKE (Hrsg.), Hitler, 639] haben vor allem die Verschlechterung der Beziehungen nach der nationalsozialistischen „Machtergreifung" wie dann der Hitler-Stalin-Pakt Beachtung gefunden, da sie als Weichenstellungen für das Verhältnis zwischen Berlin und Moskau angesehen werden können. Aber auch die späteren Jahre, zunächst unter dem Vorzeichen beiderseitiger Neutralität und gemeinsamer Komplizenschaft, dann unter den Prämissen des rassenideologischen Vernichtungskrieges gegen die UdSSR, sind mittlerweile zunehmend ins Blickfeld des wissenschaftlichen Interesses gerückt. Bezüglich der anderen (zukünftigen) Weltmacht, den USA, sind zu- *Deutsch-amerikani-* nächst vor allem die Ebene der ökonomischen Konkurrenz und die *sche Beziehungen* unterschiedlichen wirtschaftlichen Ordnungsmodelle [190: H.-J. SCHRÖDER, Deutschland] von der zeitgeschichtlichen Forschung behandelt worden, während die politischen Beziehungen und dann insbesondere die globale Auseinandersetzung zwischen der westlichen Führungsmacht und der nationalsozialistischen Großmacht im Zweiten Weltkrieg noch im einzelnen untersucht werden müssen.

Japan wiederum, als „Antikomintern"- und „Dreimächtepakt"-Partner von zunehmender Bedeutung für Berlin, ist relativ spät ins Blickfeld der Forschung über die nationalsozialistische Außenpolitik getreten. Erst mit der Verlagerung des wissenschaftlichen Interesses hin zu der globalen Dimension von Hitlers Strategie und Kriegführung hat das fernöstliche Inselreich als ideologischer Weg- *Deutsch-japanische* gefährte, als Bundesgenosse wie als strategische Aushilfe in der Aus- *Beziehungen* einandersetzung mit den USA mittlerweile [186: B. MARTIN, Deutschland; zuvor 192: T. SOMMER, Deutschland] erhöhte Beachtung gefunden. Wenn auch in dem Verhältnis von Hakenkreuz und Sonnenbanner zueinander noch manche Fragen weiter verfolgt und vertieft werden müssen, so sind die wichtigsten Stationen des gemeinsamen Weges, die jeweilige Position gegenüber den anderen Großmächten und Gegenspielern – Sowjetunion, Großbritannien, USA – wie nicht zuletzt die Verflechtung von Ideologie und Machtpolitik in den beiderseitigen Beziehungen doch inzwischen relativ gut untersucht.

In dem Maße, in dem sich das wissenschaftliche Interesse auf die globale Dimension von Hitlers „Programm" und Kriegführung verlagert hat, ist auch eine wachsende Zahl von Untersuchungen entstanden, die sich den Beziehungen des Dritten Reiches zu weiteren Staaten in Übersee widmen. Zunächst standen hier [188: R. POMMERIN, Das Dritte Reich; 195: K. VOLLAND, Das Dritte Reich] die Staaten Mittel- und Südamerikas im Vordergrund, wo es dem Dritten Reich bis Ende der 1930er Jahre gelungen war, die wirtschaftlichen Kontakte in spektakulärer Weise auszubauen und in mehreren Fällen die USA wie Großbritannien als wichtigsten Handelspartner dieser Länder zu überflügeln. Mittlerweile hat sich der Schwerpunkt eher zum afrikanischen und zum asiatischen Kontinent verlagert; hier haben entsprechende Studien zur deutschen Politik im Nahen und Mittleren Osten [193: H. TILLMANN, Araberpolitik; 182: Y. P. HIRSCHFELD, Deutschland; 179: M. HAUNER, India] zeigen können, wie stark das Vorgehen Berlins dort unter der Prämisse stand, durch Förderung von Aufstands- und Unabhängigkeitsbewegungen im arabischen Raum, in Persien und Afghanistan, ja, selbst auf dem Indischen Subkontinent die Existenz des britischen Empire zu unterminieren und London zu einem Arrangement in Hitlers Sinn zu zwingen. Diese Untersuchungen runden das Bild von Reichweite und Aktionsformen der Außenpolitik des Dritten Reiches ab.

Andere Länder in Übersee

Als ein wichtiges Desiderat der Forschung muß nach wie vor eine Einordnung der Außenpolitik des nationalsozialistischen Deutschland in den Zusammenhang der internationalen Beziehungen der Zwischenkriegszeit gelten. Trotz KARL DIETRICH BRACHERS eindringlicher Deutung „Europa[s] in der Krise" [30] seit 1917, trotz THEODOR SCHIEDERS opus magnum über „Europa im Zeitalter der Weltmächte" [61] oder auch weiterer Arbeiten deutscher und ausländischer Autoren fehlt es an einer neueren, die Ergebnisse der Forschung zu einer Gesamtsicht bündelnden Darstellung der Staatengesellschaft in den (1920er und) 1930er Jahren, deren „Gemengelage aus Krieg und Frieden" [208: K. HILDEBRAND, Krieg im Frieden, 1] die Struktur des internationalen Systems bestimmte. Besser als dies die (für den vorliegenden Band geltende) Konzentration auf

Internationale Beziehungen generell

die nationalsozialistische Außenpolitik zu leisten vermag, würde es
eine solche Perspektive gestatten, Abhängigkeiten und Grenzen,
Kontinuitäten und Neuansätze der deutschen Politik wie auch ihr
Oszillieren zwischen autonomem staatlichem Handeln und dem
Eingebundensein in die Zwänge des internationalen Systems her-
auszuarbeiten.

5. Kontroversen um wichtige Einzelpunkte

a) Kontinuität 1933

Die Frage, inwieweit die nationalsozialistische Außenpolitik
nach der „Machtergreifung" überkommene Ansätze und Methoden
fortgeführt, wieweit sie an bisherigen Absichten festgehalten oder
aber neue, an Hitlers außenpolitischem „Programm" orientierte
Ziele angestrebt habe, gehört zu den grundlegenden Interpretations-
problemen der Geschichte des Dritten Reiches. Im vorliegenden Zusammenhang soll nicht auf die längerfristige Perspektive der außenpolitischen Kontinuität in der preußisch-deutschen Geschichte des
19./20. Jahrhunderts (vgl. Kap. 7) eingegangen, sondern der Blick
im wesentlichen auf die Jahre vor und nach dem 30. Januar 1933 gelenkt werden, um die Bedeutung dieses Datums in jenem Rahmen
näher bestimmen zu können.

Am eindeutigsten wird die Kontinuitätsthese von der marxi-
stisch orientierten Forschung vertreten. In der Sicht von DIETRICH   Marxistischer
EICHHOLTZ und WOLFGANG SCHUMANN kulminierten „alle Bestre-   Ansatz
bungen des Revanchismus und Antikommunismus sowie der aggressiven Expansionspolitik des deutschen Imperialismus in der
Weimarer Republik ... in der Herrschaft des Hitlerfaschismus". Für
sie hatten entscheidende Vertreter der deutschen Industrie, Finanz-
welt und Landwirtschaft „die Machtergreifung der Nazipartei, die
Kanzlerschaft Adolf Hitlers und die Errichtung der faschistischen
Diktatur gewollt und organisiert", um so „die Durchführung ihrer
weitgespannten Expansionsziele zu sichern" [12: Anatomie 10f.].
Auch für KURT GOSSWEILER markiert der 30. Januar 1933 die
„Übergabe der politischen Macht an die Nazibande durch das deutsche Monopolkapital zur Verwirklichung seiner reaktionären und
aggressiven innen- und außenpolitischen Ziele". Mit diesem Datum
hatten in seiner Sicht „die deutschen Imperialisten ihr erstes Etap-
penziel auf dem Marsch in die neuen Krieg um die Aufteilung der
Welt erreicht" [205: Aufsätze, 131f., 326]. Damit ist jeder eigenstän-

dige außenpolitische Ansatz Hitlers bzw. der NSDAP negiert und das ausschlaggebende Gewicht seiner konservativen Bündnispartner (auch) in diesem Bereich hervorgehoben.

Eine so eindeutige Dominanz der traditionellen Eliten über den Tag der „Machtergreifung" hinaus wird in der nichtmarxistischen Forschung nicht konstatiert, wenngleich die Antworten auf die Frage nach inhaltlichen Neuansätzen in der deutschen Außenpolitik auch hier unterschiedlich ausfallen. Einige Stimmen zugunsten einer Kontinuitätslinie, die auf den Bündnischarakter der Regierung der „nationalen Konzentration" verweisen und den Einfluß Hitlers bzw. seines „Programms" zunächst eher geringschätzen, sind oben (Kap. 1) schon zitiert worden, ohne daß dies jedoch durch weitere entsprechende Forschungen für die frühe Außenpolitik des Dritten Reiches näher erläutert und untermauert worden wäre.

Demgegenüber haben bereits KARL DIETRICH BRACHER, WOLFGANG SAUER und GERHARD SCHULZ in ihrer grundlegenden Studie zur „Nationalsozialistische[n] Machtergreifung" auf die „Verflechtung ideologischer und realpolitischer Komponenten" in der Anfangsphase der nationalsozialistischen Außenpolitik hingewiesen, die in ihrem In- und Gegeneinander Elemente der Kontinuität von Personen, Bestimmungsfaktoren und Perspektiven wie des Bruchs mit bisherigen Methoden und Zielsetzungen eingeschlossen habe. In dem Vorsatz zur Revision der Versailler Ordnung, zur Konsolidierung der nationalsozialistischen Herrschaft wie zur militär- und raumpolitischen Expansion war in ihren Augen „jenes besondere Verhältnis von Innen- und Außenpolitik wie zugleich jener ständige Wechsel von Kontinuität und Bruch, von Tradition und Revolution" [69: Machtergreifung, 319f.] begründet, die für sie das Charakteristikum der auswärtigen Politik des Dritten Reiches ausmachten.

Verschränkung von Kontinuität und Bruch

Diesem frühen Votum zugunsten einer Verschränkung von Kontinuität und Neuansatz in den Anfängen der nationalsozialistischen Außenpolitik haben sich mittlerweile eine Vielzahl von Autoren angeschlossen. So stellen beispielsweise auch ANDREAS HILLGRUBER und KLAUS HILDEBRAND, NORMAN RICH, GERHARD L. WEINBERG und jüngst auch BERND-JÜRGEN WENDT durchaus die Absicht der neuen Regierung in Rechnung, die Erfordernisse der inneren Machtkonsolidierung wie der Beruhigung der mißtrauischen europäischen Nachbarn nicht außer acht zu lassen. Dennoch sehen sie ungeachtet dieser taktischen Rücksichtnahmen Hitlers Aufrüstungs-, Expansions- und Kriegskurs vom Januar 1933 an als konstitutives Element der nationalsozialistischen Außenpolitik an, das auch nicht durch die „Einrahmung" und „Zähmung" des neuen Reichskanzlers habe neutralisiert werden können. Im Gegenteil unterstreicht etwa Hillgruber, daß von einer „Einrahmung" und „Zähmung" Hitlers „im Bereich der Außenpolitik, speziell hinsichtlich der im Vordergrund der Revisionspolitik stehenden Abrüstungsfrage, in den ersten Monaten seiner Regierung überhaupt keine Rede sein" könne. Die Kontinuitätslinie „einer militärpolitisch akzentuierten außenpolitischen Zielsetzung", wie sie nach dem 30. Januar 1933 insbesondere von Neurath und Blomberg verkörpert worden sei, war für ihn nur ein vordergründiger Wesenszug der nationalsozialistischen Außenpolitik, da Hitler sie nicht als Selbstzweck im Sinne einer traditionellen deutschen Großmachtpolitik, sondern als Voraussetzung und erste Stufe für seine „singuläre Zielsetzung" gesehen habe im Sinne der Verzahnung und Überlagerung dieser machtpolitischen Komponente „mit radikalen rassenideologischen Zielvorstellungen eines universellen Antisemitismus" [A. HILLGRUBER, Kontinuität und Diskontinuität in der deutschen Außenpolitik von Bismarck bis Hitler, in: 42: DERS., Großmachtpolitik, 31].

Dieser Befund wird getragen und unterstützt von Fallstudien, die die Frühphase der nationalsozialistischen Außenpolitik behandeln. So sieht etwa GÜNTER WOLLSTEIN die „außenpolitische Machtergreifung" als einen stufenweisen Prozeß an, bei dem es Hitler gelungen sei, „die Federführung auf dem Sektor des Äußeren ... rasch zu übernehmen". Dies kann er nicht nur an den einzelnen Ereignisabläufen und Weichenstellungen in der deutschen Außenpolitik 1933/34 zeigen, sondern ebenso hinsichtlich des Funktionswandels des Auswärtigen Amtes vom außenpolitischen Vordenker und Schrittmacher „zu einem bürokratischen Verwaltungsapparat" [Die außenpolitische Machtergreifung, in: 54: W. MICHALKA (Hrsg.), Machtergreifung, 231, 242], der die Anstöße, Initiativen und Entscheidungen des Reichskanzlers nurmehr aufnahm und umsetzte. Dieser Interpretation schließen sich weitere Autoren wie CHARLES BLOCH [120: Hitler], GERHARD L. WEINBERG [65: Friedenspropaganda] oder auch SÖREN DENGG [71: Deutschlands Austritt] im großen und ganzen an.

Die hier konstatierte Dialektik von Kontinuität und Bruch in der deutschen Außenpolitik nach dem 30. Januar 1933, dieses Nebeneinander von traditioneller Großmachtpolitik, innerer „Wiederwehrhaftmachung" und außenwirtschaftlicher Expansion wird von

Anfangsphase der nationalsozialistischen Außenpolitik

den genannten Autoren in eine facettenreiche Darstellung umgesetzt. Hierbei lenken sie zugleich den Blick auf die Sach- und Kom-
petenzstreitigkeiten zwischen dem Auswärtigen Amt, den neuen
Ämtern und Organisationen der NSDAP sowie den Sonderbeauf-
tragten und Emissären des Reichskanzlers selbst, die schon bald das
Bild der nationalsozialistischen Außenpolitik prägten. Vor diesem
Hintergrund gelingt es ihnen nicht nur, die einzelnen Felder von
Zielidentität und -divergenz zwischen den am außenpolitischen Entscheidungsprozeß Beteiligten zu untersuchen und die sich hieraus
ergebende Reibung wie Dynamik zu beschreiben, sondern sie kön-
nen auch zeigen, daß selbst eine vordergründige Kontinuität in
Sachfragen oder Intentionen im Zusammenhang von Hitlers lang-
fristigen Zielsetzungen eine neue Qualität bekam und damit die
Kontinuitätslinie durchbrach.

Als ein Gebiet, auf dem die Fortführung bisheriger außenpolitischer Ansätze auch über den 30. Januar 1933 hinaus ganz besonders
Außenwirtschafts- ins Auge fällt, ist immer wieder die Außenwirtschaftspolitik angese-
politik hen worden. Insbesondere HANS-JÜRGEN SCHRÖDER hat diese Linie
in mehreren Arbeiten nachzuzeichnen versucht und hierbei vor allem in der Intention zum Aufbau eines „Informal Empire" in Südosteuropa [162] ein durchgängiges Element der deutschen Außenpolitik seit Beginn der Weltwirtschaftskrise gesehen, in dem sich Auswärtiges Amt, Wirtschaftsressorts, Schacht, ja, wie neuere Forschungen gezeigt haben, selbst Göring sowie nicht zuletzt wichtige
Kreise der deutschen Industrie trafen. Gerade diese „in der Tradition des deutschen liberalkapitalistischen Imperialismus seit dem
ausgehenden 19. Jahrhundert" stehenden Bemühungen um den Aufbau eines „mitteleuropäischen" Großwirtschaftsraums haben auch
BERND-JÜRGEN WENDT dazu veranlaßt, „das Jahr 1933 als ‚qualitati-
ven Sprung' unter außenpolitischem Aspekt zunächst einmal erheb-
lich [zu] relativieren" [67: Großdeutschland, 60, 53]. Allerdings
weist er gleichzeitig auf die Vordergründigkeit dieser Sichtweise hin,
da in dieser Perspektive das wirtschaftliche Ausgreifen nach Südosteuropa lediglich „den Charakter eines Zieles an sich" hatte, nicht
aber den „einer Durchgangsstufe für das Raumprogramm im
Osten" [218: Deutschland, 264]. Diese Unterscheidung zielt auf die
Divergenz zwischen „Mitteleuropa"- oder Autarkie- bzw. Großwirt-
schaftsraumkonzeptionen traditioneller Prägung einerseits und Hitlers rassenideologisch begründetem „Lebensraum"-Konzept andererseits, das – wie Wendt konstatiert – in eine ganz andere Richtung
wies. Somit möchte er den „qualitative[n] Sprung" des 30. Januar

1933 auch hinsichtlich der Südosteuropapolitik nicht übersehen. Für andere Gebiete der deutschen Außenpolitik gilt dies in noch höherem Maße.

b) „Wendejahr" 1937

Die Frage nach Wendepunkten und Umbrüchen in der nationalsozialistischen Außenpolitik, nach einer Periodisierung und Phaseneinteilung weist ebenfalls auf Grundprobleme in der Interpretation des Dritten Reiches zurück, ist sie doch zugleich eng mit der Diskussion um das Herrschaftssystem und um Hitlers Rolle und Funktion verbunden. In der älteren Forschung wurde das Jahr 1937 vielfach als ein solcher Wendepunkt angesehen, um eine Periode der Revisionspolitik, die sich noch an traditionellen Forderungen orientierte, von einer Expansionspolitik, die über die ethnischen Grenzen hinauswies, abzusetzen. Hatte in dieser Sicht in den ersten Jahren die Befreiung von den „Fesseln" des Versailler Vertrags im Vordergrund gestanden und der neue Reichskanzler hier in enger Übereinstimmung mit seinen konservativen Bündnispartnern handeln können und müssen, so markierte das Jahr 1937 nun den Umschlag zu einer aggressiven Expansionspolitik. Sie erreichte mit den Krisen des Jahres 1938 um Österreich und um die Tschechoslowakei ihren ersten Höhepunkt und kalkulierte auch den Konflikt mit den europäischen Nachbarn bewußt mit ein. Damit war die Wasserscheide zwischen Friedens- und Kriegskurs markiert und das von spektakulären außenpolitischen Ereignissen freie „Wendejahr" 1937 als Umbruchpunkt ausgemacht worden. *Revision versus Expansion*

In dieser Interpretation kommt der sogenannten „Hoßbach-Niederschrift" eine wichtige Rolle zu. Hitlers Äußerungen vor den politischen und militärischen Spitzen des Regimes am 5. November 1937, insbesondere seine Aussagen zu den Chancen und zur Stoßrichtung einer künftigen aggressiven Expansion des Deutschen Reiches, sind als gedankliche Zusammenfassung und Ausgangspunkt für den nun einsetzenden zweiten Abschnitt der deutschen Außenpolitik angesehen worden. In einer gewissen, wenn auch vordergründigen, Analogie zur Heranziehung dieser Niederschrift als Beweisdokument der Anklage auf „Verschwörung gegen den Frieden" in den Nürnberger Prozessen 1945/46 sind die dort festgehaltenen Aussagen des „Führers" als „Programm" und Handlungsanweisung für den künftigen Kriegskurs interpretiert und der 5. November *Bedeutung der „Hoßbach-Niederschrift"*

1937 als „‚Schicksalstag' unserer jüngeren Geschichte" [67: B.-J. WENDT, Großdeutschland, 37] gedeutet worden.

Gleichsam im Sinne eines Nachklangs und einer Folgewirkung dieses Ereignisses wurde dann das personelle Revirement im Auswärtigen Amt und in der Wehrmachtspitze am 4. Februar 1938 in engen Bezug zum 5. November 1937 gesetzt: dort seien diejenigen Kritiker ihrer Ämter enthoben worden, die in der Diskussion über Hitlers Ausführungen vier Monate zuvor Einwände und Ablehnung gegenüber dem zukünftigen außenpolitischen Kurs hatten erkennen lassen. Damit markieren beide Daten die Ausbootung der konservativen Bündnispartner Hitlers, deren führende Köpfe nun durch willfährige Jasager ersetzt oder von bewährten Nationalsozialisten abgelöst wurden. Insbesondere der Wechsel an der Spitze des Auswärtigen Amtes von Neurath zu Ribbentrop gilt hier als Wendemarke, da nun Instrumentarium, Methoden wie Ziele der deutschen Außenpolitik sich deutlich geändert hätten. Hiermit wie mit dem parallelen Revirement in der Wehrmachtführung habe Hitlers Kriegskurs, wie er am 5. November 1937 offenbar geworden sei, zum bestimmenden Element der nationalsozialistischen Politik werden können.

Diese Orientierung an den personalpolitischen Entscheidungen des Frühjahrs 1938, die Charakter, Methodik und Struktur der Außenpolitik des Dritten Reiches unübersehbar verändert hätten, ist am deutlichsten sichtbar in HANS-ADOLF JACOBSENs Darstellung zur „Nationalsozialistische[n] Außenpolitik", in der das Ende der „sogenannten ‚Ära' Hitler-Neurath" den Schlußpunkt der Untersuchung bildet. Bis zu diesem Zeitpunkt sieht Jacobsen „die Struktur der NS-Außenpolitik als Ganzes" durch das rivalisierende Nebeneinander des traditionellen diplomatischen Apparates und der neuen Ämter und Organisationen bestimmt, die „zellenartig partielle Funktionen im Rahmen dieser ... Aufgabe übernommen" und damit den „doppelten Wesenszug im Charakter der NS-Außenpolitik" begründet hätten. Auch in der Sache selbst unterscheidet er „zwischen einer Phase verdeckter Aggressionsvorbereitungen bis 1937, einer Periode offener Expansion mittels Gewaltandrohung seit 1938 und der der Entfesselung des Krieges 1939" [47: Außenpolitik, XIX, 612f.], ohne hiermit allerdings die durchgehenden Tendenzen in der Außenpolitik der Jahre 1933–1945 leugnen zu wollen.

Während Jacobsen diese Kompetenzvielfalt und den sich hieraus ergebenden Doppelcharakter der nationalsozialistischen Au-

Marginal notes:

Revirement in Auswärtigem Amt und Wehrmachtspitze

Jacobsens Deutung

ßenpolitik bis 1938 als von Hitler bewußt inszeniertes „taktisch bedingte[s] Verschleierungsspiel in der Phase der verdeckten Aggression" [ebd., 614] sieht, haben in jüngster Zeit mehrere Autoren diese
polykratische Ressortvielfalt als Ausdruck mangelnder Durchset-
zungsfähigkeit des „Führers" interpretiert. Insbesondere ALFRED
KUBE sieht „Hitlers eigentliche ‚Machtergreifung', die volle Durch-   Kubes Interpreta-
setzung seines Führerabsolutismus, erst Ende 1938/Anfang 1939 ab-   tion
geschlossen", so daß für ihn „bis 1938 ältere imperialistische oder
zumindest revisionistische Politik und radikale, sozialdarwinistisch
begründete Expansionspolitik durchaus vereinbar waren ... Bis
1938 trug die Politik des ‚Dritten Reiches' die Charakterzüge einer
imperialistischen Revisionspolitik und täuschte diese nicht nur
vor." Der mit dem „Prozeß der Entmachtung der nationalkonservativen Eliten" einhergehende „grundlegende Wandel in der Außenpolitik" 1938 ermöglichte in seiner Sicht „die Durchsetzung von
Hitlers sozialdarwinistischer Expansionspolitik", die er (in Anlehnung an Martin Broszat) bedingt sieht durch einen „Akzelerations-
prozeß politischer Aggressivität und Radikalisierung" [108: Pour le
mérite, 361, 363]. Ähnlich konstatiert auch NORBERT FREI – parallel
zu entsprechenden innenpolitischen Vorgängen – eine „Radikalisierung der deutschen Außenpolitik", die mit Hitlers Ansprache vom
5. November 1937 ihren ersten Ansatzpunkt erhielt und mit dem politischen Revirement des 4. Februar 1938 noch vorhandene Fesseln
abschüttelte. Hiermit wurde für ihn die „Gewinnung von ‚Lebensraum im Osten' ... [als] Kernpunkt nationalsozialistischer Programm-
matik" [35: Führerstaat, 130f.] nun zum dominierenden Faktor der
deutschen Außenpolitik.

Diesen Periodisierungsansätzen stehen nach wie vor die Interpretationen von Autoren gegenüber, die in dem „Wendejahr" 1937
keinen programmatischen Neuansatz, Durchbruch oder eine Radi-   Vertreter der Konti-
kalisierung der nationalsozialistischen Außenpolitik sehen, sondern   nuitätsthese
die Konstanz der Idee des „Lebensraum"-Kriegs seit Hitlers frühen
Schriften betonen. In ihren Augen war dies seit der „Machtergreifung" ein immer präsentes Element im außenpolitischen Denken
des deutschen Diktators, wobei dieser jedoch „unter dem Eindruck
der ihn befallenden Zeitnot die bündnispolitischen Voraussetzungen [überdacht] und ... sie schließlich notgedrungen" verändert
habe. Insgesamt verbarg sich für sie „hinter der Folie der Revisionspolitik des nationalsozialistischen Deutschland die rassische Utopie
der ‚Lebensraum'-Politik Hitlers". Diese war in ihrer Sicht von Anfang an der Beweggrund der deutschen Außenpolitik, auch wenn

„die Hektik, aber auch die Normalität der im Vordergrund stehenden außenpolitischen Geschehnisse oftmals die eigentlichen Triebkräfte der programmatisch gespeisten Politik Hitlers" [40: K. HILDE-BRAND, Drittes Reich, 28, 53] verdecken mochten. Aus der Sicht des späteren Beobachters scheint ihnen diese durchgängige Linie aber nicht zu bestreiten und ein „Wendepunkt" im Jahr 1937 nicht erkennbar zu sein.

c) Kriegsausbruch 1939

Eine Diskussion um die „Schuld" am Ausbruch des Zweiten Weltkrieges, die der um den Ersten Weltkrieg vergleichbar wäre, hat es in der Forschung zum Dritten Reich nicht gegeben. Der maßgebliche Anteil Deutschlands an der Eskalation des politischen und militärischen Konflikts im Sommer 1939 ist unbestritten; der Versuch A. J. P. TAYLORS, Hitler den Kriegswillen abzusprechen und den Kriegsausbruch „eher als Folge eines internationalen Verkehrsunfalls" [57: G. NIEDHART (Hrsg.), Kriegsbeginn, 11] zu interpretieren, hat keine (wissenschaftlich ernst zu nehmende) Unterstützung gefunden. Strittig ist allenfalls die Frage, wieweit andere europäische und außereuropäische Staaten durch ihre Politik im Vorfeld dieses Ereignisses Hitlers Kriegskurs direkt oder indirekt begünstigt, ihm zumindest aber keine entscheidenden Hindernisse entgegengesetzt haben. Diese Perspektive soll, da sie den thematischen Rahmen dieser Darstellung überschreitet, nicht weiter verfolgt, sondern es soll hier allein nach den Triebkräften, Motiven und Zielen der deutschen Politik gefragt werden.

Von „Schuld" im moralischen Sinne ist allerdings schon sehr früh gesprochen worden. So hat WALTER HOFER Hitler bzw. sein „Lebensraum"-Programm als „entscheidende Ursache des Zweiten Weltkrieges" gesehen. In der Auslösung dieses Ereignisses liegt in seinen Augen „die ungeheuerliche Schuld des Menschen Hitler vor der Geschichte beschlossen, eine Schuld von einem Ausmaße, wie sie wohl nie vorher in der Weltgeschichte ein einzelner Mensch auf sich geladen hat". Angesichts dieses Befundes möchte er auch nicht vom „Ausbruch" des Zweiten Weltkriegs sprechen, sondern den Begriff der „Entfesselung" verwenden: „Ein Vulkan ‚bricht aus', eine Epidemie ‚bricht aus' – der Krieg von 1939 ist nicht in diesem Sinne ‚ausgebrochen', sondern lange geplant worden, vom Führer des Dritten Reiches, in sozusagen alleiniger Verantwortung" [„Entfesselung" oder „Ausbruch" des Zweiten Weltkriegs?, in: ebd., 486 f., 5].

Taylors These

Hofers „Entfesse-
lungs"-These

Dieser These von der „Entfesselung" des Zweiten Weltkriegs haben sich im großen und ganzen alle diejenigen angeschlossen, die Hitlers frühzeitig fixiertes rassenideologisches „Programm" als Movens und Triebkraft der nationalsozialistischen (Außen-)Politik interpretieren. Wie Hofer sehen sie die internationalen Krisen der Jahre 1938 und 1939 durch Hitlers Expansionskurs bestimmt und getragen, der dann mit dem Überfall auf Polen den Kriegseintritt der Westmächte provoziert und somit den europäischen Krieg ausgelöst habe. Wie auch immer die Politik der anderen Akteure beurteilt und gewertet wird – an der Tatsache, daß Hitlers Kriegswille für Vorgeschichte und Beginn des Zweiten Weltkriegs ausschlaggebend gewesen sei, gibt es in ihren Augen keinen Zweifel.

Demgegenüber hat insbesondere die marxistisch orientierte Geschichtswissenschaft innergesellschaftliche Ursachen für den Kriegsausbruch ausgemacht. Sie sieht ihn „ausgelöst vom deutschen Imperialismus und Militarismus" [62: Deutschland im zweiten Weltkrieg, Bd. I, 153], der hierdurch sein Ziel habe erreichen wollen, „die Vorherrschaft des faschistischen deutschen Imperialismus in Europa zu errichten und dann den Kampf um die Weltherrschaft aufzunehmen" [79: O. GROEHLER, Erforschung, 317]. Bei der Frage nach der Kriegsschuld steht aber nicht nur das für den Kriegsausbruch „ursächlich verantwortliche staatsmonopolistische System des Faschismus in Deutschland" [G. HASS, Der Kampf um die kollektive Sicherheit vor dem Zweiten Weltkrieg und der deutsche Imperialismus, in: 57: G. NIEDHART (Hrsg.), Kriegsbeginn, 337] im Mittelpunkt dieser Interpretation, ebenso wird der Blick auf die Antagonismen und Widersprüche im kapitalistischen System selbst gelenkt, die dann ihren Ausweg in militärischer Aggression gesucht hätten. Somit gilt der Zweite Weltkrieg als „aus dem kapitalistischen System entstanden und [als] ein Ergebnis der in der Welt auf der Grundlage des Monopolkapitalismus bestehenden wirtschaftlichen und politischen Gegensätze" [A. D. NIKONOW, Die politische Vorkriegskrise 1939, in: ebd., 519].

Auf die innenpolitischen Bedingungsfaktoren der nationalsozialistischen Außenpolitik und die „Funktion des Angriffskriegs 1939" [87] hat auch TIMOTHY W. MASON aufmerksam machen wollen. Hierbei sieht er Hitlers außenpolitischen Spielraum durch die innen- und wirtschaftspolitische Situation Deutschlands eingeengt, so daß die deutschen Kriegsvorbereitungen seit Frühjahr 1939 „im Zeichen einer Überspannung der Kräfte und Reserven" gestanden hätten, die dann in eine „Krise des gesamten Wirtschafts- und Herr-

Marxistische Sichtweise

Masons These von der „inneren Krise" des Regimes

schaftssystems" gemündet seien. Zwar hält auch Mason dies nicht für „die primäre Ursache des Zweiten Weltkriegs", die er vielmehr im Expansionsstreben der politischen Führung in Berlin sieht, doch ließ in seinen Augen die innere Krise deren Handlungsspielraum 1938/39 derart schrumpfen, daß „die Entfesselung des Krieges und die Annexion fremden Territoriums [keinen] weiteren Aufschub geduldet" hätte [Innere Krise und Angriffskrieg 1938/39, in: 77: F. FORSTMEIER/H.-E. VOLKMANN (Hrsg.), Wirtschaft, 160, 186, 175]: nur durch den Zugriff auf benachbarte Gebiete, auf deren wirtschaftliche Ressourcen und Arbeitskräfte, konnte in seinen Augen einer weiteren Verschärfung der inneren Krise vorgebeugt und damit die Gefahr für das Regime überwunden werden. Um der innenpolitischen Legitimationskrise zu entgehen, so ließe sich ein Fazit ziehen, suchte Hitler die Flucht nach vorn und nutzte den Krieg als Entlastungsstrategie.

Gegenstimmen   Diese Interpretation hat mittlerweile vielfache Kritik erfahren. Dabei ist zum einen Masons Krisenbegriff bzw. seine Diagnose einer Krise des Herrschaftssystems in Frage gestellt, zum anderen aber auch Hitlers Kurs im Vorfeld des Kriegsausbruchs erneut betrachtet worden, um die Frage nach den Antriebskräften der deutschen Politik und nach ihrem Handlungsspielraum zu bestimmen. Hierbei hat man die wirtschafts- und sozialpolitischen Krisensymptome zwar im großen und ganzen bestätigt, aber dennoch bestritten, daß Hitler durch die Rücksichtnahme auf diese Situation gebunden gewesen sei. „All the evidence – or rather lack of it –", so das jüngste Fazit, „suggests that short term economic and social considerations played only the smallest part in Hitler's foreign policy calculations. If anything, it was the part that he deliberately chose to ignore … His concerns were not primarily with the day to day problems of economics, living standards, and social peace, as were those of his contemporaries, but with questions of race and foreign policy" [89: R. J. OVERY, Hitler's War, 273]. Damit sind die Prioritäten Hitlers in den Krisen des Frühjahrs und Sommers 1939 und „Deutschlands Wille zum Krieg" [G. L. WEINBERG, in: 68: W. BENZ/H. GRAML (Hrsg.), Sommer 1939, 15-61] klar umschrieben.

d) Hitlers Wendung gegen die Sowjetunion

Der Einschätzung, daß mit dem 22. Juni 1941 der Zweite Weltkrieg in eine neue Phase getreten sei und daß in dem Krieg gegen die UdSSR sich auch Methoden und Praktiken der deutschen Politik gewandelt hätten, ist in der zeitgeschichtlichen Forschung durchweg beigepflichtet worden, während die Frage, welche Motive und Ziele auf deutscher Seite für den Entschluß zum Angriff auf die Sowjetunion maßgeblich waren, nach wie vor umstritten ist. Hier hat – nach Freigabe der aus der Obhut der Alliierten zurückgekehrten deutschen Akten und unter Hinzuziehung weiterer Quellenmaterials aus der Umgebung Hitlers wie der Wehrmachtführung – ANDREAS HILLGRUBER in seiner Darstellung über „Hitlers Strategie" 1940/41 eine bis heute wegweisende Interpretation vorgelegt. Für Hillgruber speist sich der Entschluß des deutschen Diktators zum Angriff auf die Sowjetunion zunächst einmal aus dessen frühzeitig fixiertem „Lebensraum"-Programm, das dann auch Eigenart und Charakter dieses Feldzuges prägen sollte. Diese „qualitative Veränderung des Krieges durch die Entfesselung des rassenideologischen Vernichtungskampfes im Osten mit seinem gegen ‚Bolschewismus' und ‚Judentum' gerichteten Doppelgesicht" markiert für ihn den spezifischen Stellenwert des „Unternehmens Barbarossa". Gleichzeitig kann er aber zeigen, daß der Krieg gegen die UdSSR in Hitlers strategischen Überlegungen auch ein Mittel wurde, um – nach der Niederwerfung Frankreichs und der für ihn unerwarteten Fortsetzung des Krieges durch Großbritannien – dem Inselreich seinen „Festlandsdegen" aus der Hand zu schlagen und es somit zu einem Arrangement mit dem Dritten Reich zu bringen. Zu diesem Zweck entwickelte der „Führer", wie Hillgruber dies für den Herbst 1940 konstatiert, die Konzeption eines „Weltblitzkriegs", in dessen Verlauf zunächst die Sowjetunion überrannt und unterworfen werden sollte, um auf diesem Weg London zu einem Ausgleich mit Berlin zu zwingen. Gleichzeitig sollte die Ausschaltung Englands und die mit dem Sieg über die UdSSR verbundene machtpolitische Aufwertung Japans im Fernen Osten aber auch die USA von einem Kriegseintritt abhalten und als militärischen Faktor neutralisieren. Damit konnte Hillgruber die Bedeutung des „doppelten Aspekts des Ostfeldzuges als entscheidender Schritt zur Verwirklichung der ursprünglichen Ziele Hitlers und zugleich als Mittel im Rahmen seines improvisierten Kriegsplans" [45: Strategie, 18] nachdrücklich herausstellen.

Diese Interpretation setzt sich deutlich von manchen (älteren) Darstellungen ab, die – nicht selten in Anlehnung an Memoiren bzw. Erlebnisberichte beteiligter Militärs – allein auf die militärisch-strategische Dimension des Feldzugs gegen die UdSSR abhoben oder gar von einem Präventivkrieg gegen den bisherigen Paktpart-

Hillgrubers Interpretationen

Mittel-Ziel-Relation

ner ausgingen, um entsprechenden Absichten Stalins zuvorzukommen. Ebensowenig gibt sie Deutungen Raum, die die Interessen des deutschen „Monopolkapitals" an einem wirtschaftlichen Raubkrieg gegen die Sowjetunion herausstellten und hier von einer Vorreiterrolle dieser gesellschaftlichen Gruppe und der Komplizenschaft zwischen Staatsapparat und Privatwirtschaft bei dem Entschluß zum Angriff auf den östlichen Nachbarn ausgehen. Stattdessen steht für Hillgruber außer Frage, daß Hitlers ideologisch-politischem „Programm" in dem Entscheidungsprozeß im Vorfeld des „Unternehmens Barbarossa" die entscheidende Position zukam.

Marxistische Interpretationen

Hillgrubers Ansatz ist seit Mitte der 1960er Jahre in unterschiedlicher Weise weitergeführt und modifiziert worden. Hinsichtlich der Frage nach der Bedeutung des wirtschaftlichen Faktors im Zusammenhang mit dem 22. Juni 1941 ist beispielsweise für DIETRICH EICHHOLTZ „eine unmittelbare Beteiligung von Monopolvertretern an der Ausarbeitung von Hitlers grundlegendem strategischen Konzept seit Frühsommer 1940 bis zur ‚Weisung Nr. 21 (Barbarossa)' ... bisher nicht nachzuweisen". In seinen Augen war der nach dem Frankreichfeldzug getroffene Entschluß, im Frühjahr 1941 in die Sowjetunion einzufallen, „vielschichtig motiviert". Zwar steht für ihn die Erwartung des deutschen „Monopolkapitals" seit 1933 außer Frage, zu einem gegebenen Zeitpunkt einen Angriff auf die UdSSR zu unternehmen, doch ergaben sich „Termin und Modalitäten der Aggression ... als Resultat vielfältiger politischer, militärischer, wirtschaftlicher und ideologisch-politischer Faktoren". Ausschlaggebend waren hierbei in Eichholtz' Sicht die „außenpolitischen und militärischen Erwägungen von Hitler-Clique, Monopolen und Militärs", die allerdings „wirkungsvoll von wirtschaftlichen gestützt und ergänzt" [75: Geschichte, Bd. I, 206 f.] worden seien. Damit ist zwar die These nicht zurückgenommen, daß die Vernichtung der Sowjetunion als Hort der Weltrevolution und der Zugriff auf ihre materiellen Ressourcen „das Kernstück ... [der] Weltherrschafts- und Kriegsplanungen" dieser „reaktionärsten Kräfte des Regimes" [ebd., Bd. II, 1] gewesen seien, doch zumindest für den Entschluß zum „Unternehmen Barbarossa" sind die einzelnen ökonomischen und nichtökonomischen Faktoren neu gewichtet.

Zudem hat Hillgrubers Darstellung schon bald eine lebhafte Diskussion über das Verhältnis von ideologisch-programmatischen Zielen und strategischen Überlegungen ausgelöst, wie sie sich aus der konkreten militärischen Situation im Vorfeld des deutschen Angriffs auf die Sowjetunion ergaben. Mit dem Erscheinen des vom

These vom Vorrang strategischer Erwägungen

Militärgeschichtlichen Forschungsamt in Freiburg herausgegebenen
Serienwerks über „Das Deutsche Reich und der Zweite Weltkrieg"
ist diese Debatte erneut aufgeflammt. Hier hat zunächst einmal
BERND STEGEMANN die Bedeutung von Hitlers programmatischem
„Lebensraum"-Konzept für den Entschluß zum Beginn des „Unternehmens Barbarossa" bezweifelt und diese Entscheidung allein aus
strategischen Erwägungen nach dem Sieg über Frankreich und dem
Verlust der Luftschlacht um England abgeleitet. Mit dem Fehlschlag
der Hoffnung des deutschen Diktators, mit dem Inselreich „zu einem Ausgleich kommen zu können", wurde in Stegemanns Sicht
„der Ostkrieg ... von ihm ausschließlich als strategische Aushilfe begründet, um England doch noch zum Frieden zu zwingen" [95: Hitlers Ziele, 99]. Für die Sommermonate 1940 vermag dieser Autor
„noch keine Entscheidung für eine militärische Lösung" zu sehen,
vielmehr habe Hitler diesen Entschluß erst nach Stalins Absage an
seine Kontinentalblock-Konzeption gefaßt. Aber auch zu diesem
Zeitpunkt war sie in seiner Sicht aus dem Kalkül geboren, „sich
eine genügende Basis und zugleich die erforderliche Rückenfreiheit
für den Kampf gegen beide angelsächsische Seemächte sichern zu
können". Für eine „direkte Verbindung von Programm und prakti-
scher Politik" im Sinne Hillgrubers fehlen für Stegemann für das
Jahr 1940 entsprechende „zeitgleiche Belege" [32: Das Deutsche
Reich, Bd. II, 32, 36, 38].

Darüber hinaus hat JOACHIM HOFFMANN die Präventivkriegsthese erneut zur Diskussion gestellt. Er möchte mit Blick auf die in
den deutschen Interessenbereich weisenden sowjetischen Kriegsziele, auf die militärische Stärke der Roten Armee sowie deren Of-
fensivstrategie den deutschen Angriff im Juni 1941 als Mittel und
Maßnahme interpretieren, um einem sowjetischen Angriff im folgenden Frühjahr zuvorzukommen. Er verweist hierbei auf Äußerungen Stalins im Mai 1941, daß die Sowjetunion von der „‚Verteidigung' im taktischen Sinne dieses Wortes zur ‚Verteidigung' im strategischen Sinne übergehen" [ebd., Bd. IV, 74] müsse und somit die
Rote Armee sich gezwungen sehen könnte, nach Abschluß aller
Vorbereitungen einen Angriff auf den mutmaßlichen (deutschen)
Aggressor zu führen. Vor diesem Hintergrund mißt Hoffmann dem
sowjetischen Diktator eine wesentliche Rolle bei der Entwicklung
zum 22. Juni 1941 zu, da Hitler sich durch Stalins Verhalten zu einer
(militärischen) Reaktion herausgefordert gefühlt habe. Auch hiermit
wird die „Programm"-Orientierung dieser Entscheidung in Frage
gestellt und der Angriff auf die Sowjetunion als situationsbedingte

Präventivkriegs-
these

Aktion gesehen, die sich aus der aktuellen militärischen Lageeinschätzung ergeben habe.

Diese beiden Interpretationen haben eine lebhafte Debatte ausgelöst, die noch heute anhält, ja, die selbst unter den Autoren des Sammelwerkes über „Das Deutsche Reich und der Zweite Weltkrieg" geführt wird. Hinsichtlich der Präventivkriegsthese ist zu Recht betont worden, daß endgültige Aussagen zu Stalins Absichten erst nach Öffnung der sowjetischen Archive und nach Auswertung der entsprechenden Dokumente getroffen werden können. Dennoch sind Hoffmanns Einschätzungen von Stärke und militärischem Auftrag der Roten Armee wie von Stalins politischen Überlegungen und längerfristigen Zielen im fraglichen Zeitraum angezweifelt und auf dessen Absicht verwiesen worden, den Krieg zwischen dem Dritten Reich und den Westmächten möglichst zu verlängern und so eine gemeinsame Wendung der kapitalistischen Staaten gegen die Sowjetunion zu unterbinden. Vor allem aber hat BIANKA PIETROW jüngst darauf verwiesen, daß „der traditionelle, eng militärische Präventivkriegsbegriff mit seiner ‚subjektiven' Variante der zeitgenössischen Lageeinschätzung wie auch der ‚objektiven' Sehweise aus historischer Perspektive ... angesichts [der] ... Quellenlage jeder Grundlage" [158: Deutschland, 131f.] entbehre. Angesichts der Einschätzung Hitlers wie auch der militärischen Führung, daß man den östlichen Nachbarn in einem schnellen „Blitz"-Feldzug niederwerfen könne, vermag sie auf deutscher Seite eine Präventivstrategie beim Angriff auf die Sowjetunion nicht zu erkennen.

STEGEMANNs Überlegungen, wie weit „Strategie oder Ideologie" [94] für den Entschluß zum „Unternehmen Barbarossa" maßgeblich waren, weisen erneut zurück auf Grundfragen der Interpretation der nationalsozialistischen Außen- und Kriegspolitik und sind entsprechend kontrovers diskutiert worden. Die deutlichste Unterstützung hat er von H. W. KOCH erhalten, der ebenfalls in Hitlers Haltung gegenüber der Sowjetunion im Sommer und Herbst 1940 „no evidence whatsoever" [148: Hitler's „Programme", 905] sieht, daß sie von dem „Lebensraum"-Konzept bestimmt gewesen sei. In Kochs Sicht reagierte der deutsche Diktator mit dem Entschluß zum Angriff auf die UdSSR auf die sich wandelnde politische Konstellation, als nämlich der Ausgleich mit Großbritannien ausblieb und auch ein Arrangement mit Stalin im Sinne der Kontinentalblock-Konzeption nicht erreicht werden konnte.

Demgegenüber hat HILLGRUBER seine Interpretation verteidigt und untermauert und hierbei auch die Unterstützung weiterer Auto-

Gegenstimmen zur Präventivkriegsthese

ren [167: G. R. UEBERSCHÄR/W. WETTE (Hrsg.), „Unternehmen Bar-
barossa"] erhalten. Insbesondere betont er, daß ein Urteil über die   Hillgrubers Gegen-
Bedeutung von Hitlers „Programm" für dessen Politik und Krieg-   argumente
führung nur „in Kenntnis nicht nur einzelner Etappen, gar nur von
Monaten (1939/1940), sondern der ganzen Geschichte Hitlers und
seines Reiches" möglich und legitim sei. Dies aber lasse die „Programm"-Orientierung des deutschen Diktators deutlich erkennen.
Auf Grund neuer, seit Mitte der 1960er Jahre publizierter Quellen
betont Hillgruber sogar noch stärker als bisher den „programmatischen" Charakter der Wendung gegen die Sowjetunion, zu der sich
Hitler bereits „in diesen Wochen des auslaufenden kontinentalen
Westkrieges" [Noch einmal: Hitlers Wendung gegen die Sowjetunion 1940, in: 46: DERS., Zerstörung, 241, 244], also noch im Juni
1940, entschlossen habe. Der Gesichtspunkt, England seines letzten
potentiellen Bundesgenossen und „Festlandsdegens" zu berauben,
trat dann „erst in der zweiten Juli-Hälfte als zusätzliches Argument
bei Hitler auf", als London wider Erwarten das Arrangement mit
Berlin verweigerte. Und schließlich bekam, wie Hillgruber ausführt,
„das dritte Argument: Stalins Erpressertaktik zu begegnen, die man
nur durch eine Zerschlagung der Sowjetunion wirklich ausschließen
könne", erst nach Molotows Berlin-Besuch im November 1940
„eine gewisse Bedeutung in Hitlers Begründungen für die militärische Ost-Lösung" [45: Strategie, 724 f.]. Damit ist die Rolle aller Gegenargumente deutlich abgeschwächt und der Vorrang von Hitlers
„Programm" für den Entschluß zur Wendung gegen die Sowjetunion unterstrichen. Die Vorbereitung und Ausführung dieses Vor-
habens sei dann allerdings von der politischen und strategischen
Gesamtsituation abhängig gewesen.

e) Hitlers Kriegserklärung an die Vereinigten Staaten

Noch schwieriger sind die Motive und Ziele auszumachen, die
Hitler mit seinem Entschluß verband, am 11. Dezember 1941 den
USA den Krieg zu erklären. Angesichts der Tragweite dieses Ereignisses für den weiteren Verlauf des Krieges, mit dem nun das wirtschaftliche und militärische Potential der Vereinigten Staaten endgültig auf der alliierten Seite in die Waagschale geworfen wurde, hat
die Frage, aus welchen Gründen der deutsche Diktator diesen
Schritt getan hat, die zeitgeschichtliche Forschung immer wieder be-
schäftigt, zumal Berlin durch den „Dreimächtepakt" mit Japan zu
einem solchen Beistand nicht verpflichtet war. Der Schwierigkeit,

diesen Entschluß rational zu begründen, entspringt dann auch am ehesten die Einschätzung, Hitler habe hier in einer Haltung des „Alles oder Nichts", in der Alternative „Weltmacht oder Untergang", den Fehlschlag seiner Zielsetzungen besiegeln wollen: „Es ist, als ob er aus der Erkenntnis, daß mit dem Scheitern seines Blitzkriegs gegen Rußland der Sieg unmöglich geworden war, die Folgerung gezogen hätte, dann eben die Niederlage zu wollen – und sie so vollständig und katastrophal wie möglich zu machen." Statt der Hoffnung, „als der größte Eroberer und Triumphator in die Geschichte eingehen" zu können, habe er offenbar den Entschluß gefaßt, „wenigstens der Architekt der größten Katastrophe zu werden" [206: S. Haffner, Anmerkungen, 147 f., 153]. Dies weist Hitlers Entscheidung allerdings eine Einsicht in die Tatsache zu, daß der Dezember 1941 tatsächlich die „Kriegswende" [90: J. Rohwer/E. Jäckel (Hrsg.)] bedeutete, und unterstellt ihm eine fatalistische Ergebenheit in dieses Geschehen, die wissenschaftlich höchst fragwürdig erscheint.

Das Verdienst, den „Faktor Amerika in Hitlers Strategie" näher beleuchtet und hierbei auch die Motive für Hitlers Entscheidung vom 11. Dezember 1941 angesprochen zu haben, kommt wiederum Andreas Hillgruber zu. Zunächst hatte, wie er nachweisen kann, der deutsche Diktator eine Konfrontation und Auseinandersetzung mit den Vereinigten Staaten für die Zeit nach der Zerschlagung der Sowjetunion und nach dem Aufbau eines deutschen Kontinentalimperiums in Europa (abgesichert durch kolonialen Ergänzungsraum in Afrika und eine starke Flotte mit Stützpunkten im Atlantik), ja, für eine spätere Generation ins Auge gefaßt. Angesichts des Steckenbleibens der Ostoperationen und in Anbetracht des erwarteten Kriegsausbruchs im Pazifik – so Hillgrubers Fazit – habe Hitler sich dann aber „mit der Unvermeidbarkeit eines Kriegseintritts der USA auf dem Weg über Japan zu einem unerwünschten Zeitpunkt" abgefunden und den japanischen Überfall auf Pearl Harbor mit der deutschen Kriegserklärung an die USA beantwortet. Sie bot für den deutschen Diktator immerhin den Vorteil, Washington zu einem Zwei-Ozean-Krieg zu zwingen und damit dessen Kräfte an jedem Kriegsschauplatz zu reduzieren. Dennoch entsprang dieser Schritt in Hillgrubers Augen „nicht einer zielbewußten außenpolitischen Entscheidung Hitlers, war kein frei gefaßter großer Entschluß, der irgendwie mit seiner Entscheidung zum Ostkrieg verglichen werden könnte, sondern eine Geste, die verschleiern sollte, daß er die Entwicklung des Krieges, die seine Pläne zerstört hatte, nicht mehr

[margin note] These des „Alles oder Nichts"

[margin note] These vom „Blankoscheck" für Japan

steuern konnte, daß die Initiative für alle folgenden großen Entscheidungen auf die Gegenseite übergegangen war" [43: Großmacht- und Weltpolitik, 220].

Mittlerweile ist die Vorgeschichte der deutschen Kriegserklärung an die USA, insbesondere der Verhandlungen der „Dreimächtepakt"-Partner über die Frage der deutschen und italienischen Antwort auf einen Kriegseintritt Japans und über das wechselseitige Verbot eines Sonderfriedens mit den Westmächten weiter aufgehellt und minutiös rekonstruiert worden. Hierbei hat EBERHARD JÄCKEL zeigen können, daß nicht erst der japanische Angriff auf Pearl Harbor Hitler dazu bewogen hat, nun seinerseits den Vereinigten Staaten den Krieg zu erklären, daß vielmehr dieser Entschluß bereits vorher (er datiert dies auf den 4. Dezember) feststand. Diesen Schritt des deutschen Diktators erklärt Jäckel aus dessen Bemühen, eine Entwicklung analog zum Ersten Weltkrieg zu verhindern, als nämlich trotz der russischen Niederlage und des Separatfriedens von Brest-Litowsk das Deutsche Reich – vor allem wegen des amerikanischen Eingreifens auf dem westeuropäischen Kriegsschauplatz – doch noch den Krieg verlor. Einer solchen Entwicklung sollte nun vorgebeugt werden: „Japan konnte Amerika an einem vollen Eingreifen in Europa hindern. Es konnte den Teil der amerikanischen und britischen Streitkräfte binden, die 1918 so knapp den Ausschlag gegeben hatten. Dazu jedoch mußte es in den Krieg eintreten und durfte nicht vorzeitig aus ihm austreten ... Das Geschäft bestand darin, daß Japan sich gegen den Preis des deutschen Kriegseintritts verpflichtete, keinen Sonderfrieden zu schließen" [183: Kriegserklärung, 137].

Neue Forschungen Jäckels und Herdes

Diese Deutung – und insbesondere der Verweis auf die frühe Entscheidung Hitlers für eine Kriegserklärung an die USA – hat mittlerweile breite Zustimmung gefunden. Während Jäckel in diesem Entschluß einen „zweckentsprechende[n] Schritt" sieht, „den Krieg, der in der Hauptsache ein Eroberungskrieg gegen die Sowjetunion war und blieb, zusammen mit Japan trotz allem gewinnen zu können" [ebd.], verweisen GERHARD L. WEINBERG [196: Germany's Declaration], PETER HERDE (der Hitlers Entschluß allerdings bereits auf den 28. November 1941 datiert [Japan, Deutschland und die Vereinigten Staaten im Jahre 1941, in: 90: J. ROHWER/E. JÄCKEL (Hrsg.), Kriegswende, 51]) und auch ANDREAS HILLGRUBER stärker auf den globalen Aspekt, also die zu erwartende Konfrontation mit den USA. Insbesondere Hillgruber möchte „das Drängen Hitlers gegenüber Japan zum Handeln gegen Amerika Ende November/

Anfang Dezember 1941" daraus erklären, „daß er jetzt, angesichts der zum Kriege treibenden Entwicklung im Fernen Osten, erwartet, daß die Kräfte der USA im Pazifik und Atlantik zersplittert würden, so daß er damit Zeit gewinnt, den Krieg gegen die Sowjetunion, der 1941 nicht beendet werden konnte, im Jahre 1942 siegreich zu beenden" [Diskussionsbeitrag in: ebd., 107]. Damit wäre dann die Möglichkeit gegeben, anschließend die große Auseinandersetzung mit der amerikanischen Seemacht zu suchen, wie dies seinem „Programm" entsprach.

6. Außenpolitische Konzeptionen des deutschen Widerstands

Die außenpolitischen Konzeptionen des deutschen Widerstands gegen das Dritte Reich sind bisher erst in Ansätzen analysiert worden. Dies liegt nicht zuletzt darin begründet, daß andere Themen – insbesondere die Frage nach den moralisch-ethischen Grundlagen der Repräsentanten des Widerstandes und den gesellschaftlichen und politischen Zielvorstellungen und Aktionsformen, die sich hieraus ableiten – bisher im Vordergrund des wissenschaftlichen Interesses gestanden haben. Zudem haben die Vielzahl von Personen und gesellschaftlichen Gruppen im Widerstand und auch die Wandlungen, denen die außenpolitischen Konzeptionen in den Jahren von 1933 bis 1945 angesichts sich ändernder internationaler Konstellationen unterworfen waren, eine solche Aufgabe eher erschwert. Dennoch muß sie als eines der Desiderate der Widerstandsforschung gelten.

Am wenigsten wurde diese Frage in den Darstellungen zum kommunistischen und sozialdemokratischen Widerstand behandelt. Während hier Probleme der konspirativen Arbeit, der Tätigkeit der Exilgruppen und ihres Verhältnisses zur Anhängerschaft in Deutschland, aber auch der innen- und gesellschaftspolitischen Zukunftsvorstellungen breit diskutiert worden sind, hat man die außenpolitischen Konzeptionen im großen und ganzen als Fortschreibung der Ansätze gesehen, die bereits vor 1933 für die entsprechenden Parteien bzw. Parteiführungen maßgeblich waren. Für die KPD hat ARNOLD SYWOTTEK dies als „Wille[n] zu freundlicher Nachbarschaft gegenüber der Sowjetunion" gekennzeichnet und in der „Integrationsformel ‚Frieden (für die Sowjetunion)' als Tagesparole" [Revolutionäre Perspektiven des kommunistischen Widerstands, in:

Marginal notes:
Defizite der Widerstandsforschung

Kommunistischer Widerstand

92: J. SCHMÄDEKE/P. STEINBACH (Hrsg.), Widerstand, 485, 478] wie im proletarischen Internationalismus ein gemeinsames Band außenpolitischer Zielsetzung für die politische Führung dieser Partei gesehen. In bezug auf die SPD bzw. den demokratischen Sozialismus gilt ein solcher gemeinsamer Nenner als noch schwerer auszumachen, waren doch hier politische Ansätze, Handlungsanleitungen und Zukunftsvorstellungen der einzelnen Gruppen zu disparat, um eine für alle verbindliche Linie zu konstruieren. Frühere Gegenüberstellungen von „östlich" und „westlich" orientierten Sozialdemokraten sind mittlerweile aufgegeben worden zugunsten der Einschätzung, daß innerhalb dieser Gruppen „eine partielle Korrektur früherer selbstgerechter Klischeebilder über ‚kapitalistische Imperialisten' einerseits und die ‚bolschewistische Blutdiktatur' andererseits statt[gefunden hätte], ohne die Vorstellung eines (zentraleuropäisch geprägten) dritten Weges aufzugeben" [D. LEHNERT, Vom Widerstand zur Neuordnung?, in: ebd., 500]. Gerade in diesem Konzept eines dritten Weges zwischen West und Ost und des Zusammenschlusses der europäischen Staaten, um die Rolle einer solchen dritten Kraft auch spielen zu können, ist vielfach die spezifische außenpolitische Leitlinie des demokratischen Sozialismus gesehen worden.

Sozialdemokratischer/sozialistischer Widerstand

Die hier angesprochenen sozialdemokratischen Europavorstellungen haben allerdings, soweit sie in die Beratungen, Diskussionen und Zukunftsentwürfe des Kreisauer Kreises eingeflossen sind, bereits eine eingehende Würdigung gefunden. Gerade der „europäische Internationalismus Kreisaus" [78: H. GRAML, Vorstellungen, 45], der wesentlich, wenn auch nicht ausschließlich, von Mitgliedern wie Leber und Haubach beeinflußt und getragen war, ist als konsequentester Versuch gesehen worden, „den Teufelskreis der europäischen Machtpolitik zu sprengen und das System der Aushilfen sowie der letztlich doch immer vergeblich verlaufenden Bemühungen um Zähmung sowie Abbau der Macht in Form von Bündnis- und Gleichgewichtskonstruktionen ein für allemal hinter sich zu lassen" [83: K. HILDEBRAND, Vorstellungen, 231]. Dies bedeutet, daß ihr Denken nicht der Revision, sondern der „Überwindung von Versailles" verhaftet gewesen sei und in eine veränderte europäische Zukunft gewiesen habe. Hierbei hätten sie sich von der Einsicht leiten lassen, daß „aus der ‚Anarchie von Versailles' nicht die Verschiebung von Grenzen, sondern nur eine neue Ordnung Europas auf der Grundlage aufrichtiger Verständigung herausführen könne" [78: H. GRAML, Vorstellungen, 46].

Kreisauer Kreis

Gegen diese Leitidee einer „Rationalisierung der europäischen Außenpolitik, [der] ... Verwandlung Europas aus einem Kontinent von Machtstaaten, die einen höchsten sittlichen Wert repräsentieren und daher in ihrem Handeln unverantwortlich sind, in einen Kontinent der pluralistischen Staatengesellschaft, die in der Lage ist, ihre Konflikte in einem rationalen Geist zu regeln" [ebd., 47], ist dann

Goerdeler, Beck, von Hassell

vielfach die Europakonzeption anderer Gruppen um Goerdeler, Beck, von Hassell etc. gestellt worden, ob sie nun als „Konservativ-Nationale" (Graml), „Honoratioren" (Hildebrand) oder auch „nationalkonservative Eliten" (Müller) bezeichnet werden. Für sie ist – wie übereinstimmend betont wird – der überlieferte europäische Nationalstaat und die machtstaatliche Tradition in den internationalen Beziehungen in hohem Maße verbindlich geblieben, so daß das kleindeutsche Reich Bismarcks der Bezugspunkt ihres außenpolitischen Wollens blieb. Insbesondere KLAUS HILDEBRAND hat darauf verwiesen, daß die außenpolitische Konzeption dieser Gruppe „in ihrer Verhaftetheit an die nationalstaatliche Idee und in ihrer Orientierung auf europäische Perspektiven" klarer zutage trete, „wenn man sie in die außenpolitischen Traditionen des Deutschen Reiches auf seinem Weg von Bismarck über Caprivi, Bethmann Hollweg und Ludendorff bis hin zu Stresemann und Brüning einzuordnen sucht" [83: Vorstellungen, 216].

Der sich hieraus ergebende Anspruch auf Wahrung der deutschen Großmachtposition, wie er sich in territorialen Forderungen, aber auch in den Vorstellungen einer ökonomischen und machtpolitischen Reorganisation der europäischen Mitte artikulierte, hat mehrfach den Vorwurf provoziert, Zukunftsperspektiven entworfen

Kritik am konservativen Widerstand

zu haben, die für die anderen europäischen Staaten nicht aktzeptabel gewesen seien, ja, die – in ihrer „Verbindung nationalliberal-großdeutschen und preußisch-etatistischen Geistes" [78: H. GRAML, Vorstellungen, 27] – eher als rückwärtsgewandt denn als gegenwarts- bzw. zukunftsorientiert bezeichnet werden müßten. Insbesondere für HANS MOMMSEN stellt sich „die Selbstüberschätzung, man könne die deutsche Großmachtstellung sichern, also die Idee, gleichsam die Erfolge Hitlers für eine antifaschistische deutsche Regierung übernehmen zu können, ... doch als eine ‚länger anhaltende deutsche Krankheit' dar", die er erzeugt sieht aus den Traditionen außenpolitischen Denkens in Deutschland wie aus „jenem Phänomen der ‚geistigen Einsperrung', der man im Widerstand ausgesetzt gewesen sei" [Diskussionsbeitrag in: 92: J. SCHMÄDEKE/P. STEINBACH (Hrsg.), Widerstand, 1139].

Dieser Sichtweise haben andere Autoren den Einwand entgegengehalten, daß dies die innenpolitische Funktion dieser außenpolitischen Zielsetzung verkenne, nämlich die Zustimmung und Unterstützung bisher Unentschlossener etwa aus dem Bereich der hohen Militärs zu gewinnen. Zudem hätte Goerdeler „nicht in dem unterstellten Maße an die Realisierung solcher Ziele ‚geglaubt', in seinen Erwartungen für den Kriegsausgang vielmehr sehr viel realistischer gedacht" [ebd., 1140] und sei auch von manchen zuvor bekundeten Zielsetzungen wieder abgerückt. Zudem hat wiederum HILDEBRAND darauf verwiesen, daß die „Praxis, in Kategorien der überlieferten Machtpolitik zu denken, im Europa der 30er und 40er Jahre auch bei den westlichen parlamentarischen Nationen durchaus normal", ja, selbst in den dortigen Widerstandsbewegungen geläufig gewesen sei. Vor allem aber dürfe diese außenpolitische Konzeption nicht mit Hitlers Zielen gleichgesetzt werden, „es sei denn, man wollte zwischen dem Bemühen um Frieden und dem Hang zum Krieg, zwischen großmächtlichem Führungsanspruch und globaler Rassenherrschaft, zwischen der Respektierung und der Mißachtung des Völkerrechts, zwischen dem Eintreten für den Schutz nationaler und rassischer Minderheiten und der Praxis des Genozids nicht mehr unterscheiden". So offenkundig „die Entwürfe der ‚Honoratioren' ... an den Maßstäben ausgerichtet [waren], die die europäische Staatengeschichte im allgemeinen und die der preußisch-deutsche Nationalstaat Bismarckscher Herkunft als Verpflichtungen und Belastungen überliefert hatten" [83: Vorstellungen, 225, 232], so deutlich sei doch die Scheidelinie zur nationalsozialistischen Außenpolitik zu ziehen. Gegenargumente

Die Frage nach Gemeinsamkeiten und Unterschieden zwischen den außenpolitischen Konzeptionen der „Nationalkonservativen" und Hitler steht auch im Mittelpunkt der Kontroverse um die Bewertung des „Widerstandes aus dem Ressort" [93: G. SCHULZ, Nationalpatriotismus, 341]. Dieses Problem mußte sich gerade dort stellen, wo Mitwirkung und damit Stützung des Regimes, die sich aus der jeweiligen politischen Funktion ergab, und „Opposition" zu essentiellen (außen-)politischen Zielen des Dritten Reiches sich überschnitten und miteinander verstrickten. Hier sind insbesondere der Staatssekretär im Auswärtigen Amt, Ernst von Weizsäcker, und andere Mitglieder dieses Ressorts in den Mittelpunkt einer solchen Diskussion um Beurteilung und Würdigung ihrer Aktivitäten gerückt. Unstrittig ist hierbei die Einschätzung, daß Weizsäcker eine Großmachtposition Deutschlands anstrebte und zu diesem Zweck „Widerstand" im Auswärtigen Amt

eine Revision der deutschen (Ost-)Grenzen, eine ökonomische Vorherrschaft im ostmitteleuropäischen Raum oder auch einen entsprechenden Kolonialbesitz befürwortete, ohne allerdings das Risiko
eines großen europäischen Krieges eingehen zu wollen.
Für LEONIDAS E. HILL, den Herausgeber der Weizsäcker-Papiere, können die sich hieraus ergebenden Aktivitäten in der Sude-

Kontroverse um
Bewertung von
Weizsäckers

ten-Krise 1938 und auch in der Krise um Polen ein Jahr später
durchaus als „Opposition oder Widerstand gewertet" werden; in
seiner Sicht basierten Haltung und Handlungsweise des Staatssekretärs „auf religiösen, ethischen und juristischen Überlegungen, nicht
nur auf der Tatsache, daß er gegen einen großen Krieg war, von
dem er annahm, daß Deutschland ihn verlieren würde" [Alternative
Politik des Auswärtigen Amtes bis zum 1. September 1939, in: 92: J.
SCHMÄDEKE/P. STEINBACH (Hrsg.), Widerstand 669 f.]. Vor diesem
Hintergrund habe Weizsäcker versucht, unter Umgehung Ribbentrops Hitlers Vorgehen direkt im Sinne außenpolitischer Mäßigung
zu beeinflussen und auch dem Ausland, speziell Großbritannien, zu
einer Linie zu raten, die den deutschen Diktator vor einem großen
militärischen Konflikt zurückscheuen lassen würde. Um dies erreichen zu können, habe er „beschlossen, mit dem Teufel zu paktie-
ren", also im Amt zu bleiben und „seine höhere Verpflichtung für
wichtiger als seinen persönlichen Ruf" [23: Weizsäcker-Papiere,
Bd. II, 51] zu erachten. Die Erfahrung des Scheiterns kann in Hills
Augen den Wert dieser Bemühungen nicht mindern und Weizsäk-
kers Nähe zum Widerstand nicht in Frage stellen.

Dieser Sichtweise fühlt sich auch WALTER BUSSMANN verpflichtet. Auch er unterstreicht die Distanz und Ablehnung des Staatssekretärs gegenüber den (außen-)politischen Zielen des Regimes; allerdings habe von Weizsäcker für sein Wirken „die Methode eines
gleichsam verschleierten Widerstandes bevorzugt". In ihm habe das
Auswärtige Amt nach Bülow noch einmal einen Repräsentanten gefunden, „der aus der Verantwortung für sein Vaterland und für Europa handelte", der sich aber der Tatsache bewußt gewesen sei, daß
er mit dem Verbleib im Amt „Mißverständnissen ausgesetzt war
und ausgesetzt bleiben würde". Diese für den Einzelnen schwierige
und zermürbende Zwangslage, bei der (subjektive) Absicht und (ob-
jektive) Wirkung nur schwer miteinander in Einklang zu bringen
waren, gilt es nach Bußmanns Urteil historisch zu würdigen; im
Falle von Weizsäckers ist aber für ihn ganz unbestritten, daß er und
seine engeren Mitarbeiter „in ihrer gestuften Opposition gegen das
nationalsozialistische Regime zur Elite des Widerstandes gehörten"

[Das Auswärtige Amt unter der nationalsozialistischen Diktatur, in: 36: M. FUNKE (Hrsg.), Demokratie, 262, 261, 264].

In der Spannweite dieser Urteile, die „vom ‚Handlanger' Hitlers bis zum Mann des ‚Widerstands' reichen" [113: M. THIELENHAUS, Zwischen Anpassung, 13], tendieren RAINER A. BLASIUS und MARION THIELENHAUS allerdings eher zu einer distanzierteren Haltung; sie sehen in den Aktivitäten des Staatssekretärs den Ansatz zu einer „Gegendiplomatie" mit den Mitteln, die ihm aus seinem Amt heraus zur Verfügung standen, und als „Versuch der systemimmanenten Opposition". Hierbei habe Weizsäcker zwar dem sich formierenden militärischen Widerstand durch Weitergabe politischer Informationen beigestanden und auch die Bestrebungen seiner Mitarbeiter im Auswärtigen Amt toleriert, einen Staatsstreich vorzubereiten, doch sei er auf Grund seiner nationalen Einstellung nicht bereit gewesen, „den außenpolitischen Handlungsspielraum des Reiches durch eine mit einem Staatsstreich verbundene Phase politischer Handlungsunfähigkeit zu gefährden" [ebd., 225] und den Bruch mit dem System zu vollziehen, der zum Schritt in den „Widerstand" notwendig gewesen wäre. Auch lasse seine Absicht, „auf die Vernunft des ‚Führers' [zu setzen] und um dessen Entscheidung mit dem ‚Kriegstreiber' Ribbentrop zu ringen" [101: R. A. BLASIUS, Großdeutschland, 163], doch eine Nähe zum Regime erkennen, die es verbiete, ihn als „Mann des Widerstandes" gegen Hitler zu charakterisieren.

Insgesamt aber konstatieren alle Beteiligten an diesem „Zweifelsfall von Weizsäcker" [H. MOMMSEN, Diskussionsbeitrag, in: 92: J. SCHMÄDEKE/P. STEINBACH (Hrsg.), Widerstand, 1129] paradigmatisch die Überschneidungen und Unterschiede, die Fehlperzeptionen und Unterschätzungen, die Teilidentität von Zielen und Divergenz von Methoden und Mitteln, die die Wirkungs- und Einflußmöglichkeiten der nationalkonservativen „Opposition" insgesamt beeinträchtigt und untergraben haben. Der gerade für diese Gruppe lange und schmerzliche „Weg von der Kooperation zur Opposition", der innere Konflikt vieler ihrer Mitglieder, die schließlich „zu entschiedenen Gegnern einer bedenkenlosen Machtpolitik werden [sollten], deren Voraussetzungen sie indessen zu einem erheblichen Teil mitgeschaffen hatten" [K.-J. MÜLLER, Nationalkonservative Eliten zwischen Kooperation und Widerstand, in: ebd., 24, 37], spiegelt sich in der Sicht der genannten Autoren auch in der Person des Staatssekretärs des Auswärtigen Amtes wider, so daß auch an seinem Beispiel die prinzipiellen Unterschiede zwischen einer Au-

Kritische Stimmen

ßenpolitik, die sich an der Großmachtposition Deutschlands orientierte, und Hitlers Kriegspolitik, die auf Rasse- und Welt(vor)herrschaft abzielte, deutlich gemacht werden können.

7. Die nationalsozialistische Außenpolitik in der deutschen und europäischen Geschichte – Gesamtinterpretationen

Die Frage nach der Position des Dritten Reiches in der deutschen Geschichte, nach Kontinuität oder Diskontinuität über den 30. Januar 1933 hinweg, nach Hitlers „Ort" in der Entwicklung des deutschen Nationalstaats ist eine der maßgeblichen Kategorien zur Beurteilung der nationalsozialistischen Herrschaft. Sie kann hier nicht in voller Breite erörtert werden, da wesentliche Argumente sich mit der inneren Struktur des Dritten Reiches sowie mit dem Problem der Kontinuität von Führungseliten und ideologischen Denkmustern befassen, also Fragen, die hier nur in Bezug auf den außenpolitischen Entscheidungsprozeß behandelt worden sind. Statt dessen soll hier die Außenpolitik des Dritten Reiches im Mittelpunkt stehen und deren „Ort" in der deutschen und europäischen Geschichte bestimmt werden.

Die These von der Kontinuität über den 30. Januar 1933 hinweg wird am eindeutigsten und konsequentesten von der marxistisch orientierten Forschung vertreten. Wie oben bereits angeführt (Kap. 5 a), sieht sie in Hitlers Kanzlerschaft keinen Einschnitt, vielmehr ist in ihren Augen die deutsche (Innen- wie) Außenpolitik auch nach dessen „Machtergreifung" durch das dem kapitalistischen System inhärente Streben nach „Aggression und Neuaufteilung der Welt" [13: G. HASS/W. SCHUMANN (Hrsg.), Anatomie, 8] gekennzeichnet. Die Außen- und Kriegspolitik des nationalsozialistischen Deutschland setzte in dieser Interpretation nur die Linie fort, die schon im Kaiserreich und in der Weimarer Republik die Zielsetzungen der dominanten gesellschaftlichen Kräfte gekennzeichnet hatte. Somit ist es etwa für JOACHIM PETZOLD „kein Zufall, daß bei den Kriegszielen im zweiten Weltkrieg direkt an die des ersten Weltkrieges angeknüpft werden konnte. Es war das Programm des deutschen Imperialismus, diktiert vom Monopol- und Agrarkapital, das in beiden Fällen verwirklicht werden sollte, von den Nazis allerdings in einer besonders radikalen und skrupellosen Form" [213: Demagogie, 434]. Das dem Kapitalismus – und damit auch sei-

Marxistische Interpretationen

nem letzten Stadium, dem Faschismus – inhärente Telos von imperialer Expansion und Weltherrschaft war nach dieser Deutung das prägende Merkmal der deutschen Außenpolitik spätestens seit dem ausgehenden 19. Jahrhundert.

Eine solche Ableitung der Kontinuitätslinie der deutschen Außenpolitik allein aus der (kapitalistischen) Wirtschaftsordnung hat sich die nichtmarxistische Forschung nicht zu eigen gemacht, sondern andere Faktoren als maßgeblich herausgearbeitet. Bereits in den 1940er Jahren sind hier – noch unter dem Eindruck der „deutsche[n] Katastrophe" - Deutungen vorgetragen worden, die dann die weitere Diskussion in hohem Maße prägen sollten. Hier ist vor allem FRIEDRICH MEINECKES Versuch zu nennen, die deutschen wie die europäischen Voraussetzungen der nationalsozialistischen Herrschaft zu bestimmten. Diese sieht er zunächst einmal als Variante eines gesamteuropäischen Phänomens, das durchaus „bestimmte Analogien und Vorstufen in den autoritären Systemen der Nachbarländer" gehabt habe. Andererseits verkennt er aber auch nicht die negative Hypothek, die der „üble Borussismus und Militarismus" des Kaiserreichs und seine bis zu den Alldeutschen reichende außenpolitische Zielsetzung für den deutschen Nationalstaat bedeutete. „Man mag", so sein Fazit, „nun die Unterschiede des damaligen unsozialen Herrengeistes von dem späteren Nationalsozialismus Hitlers noch so stark betonen – im großen Zusammenhang war es doch eine Vorstufe zu ihm" [211: Katastrophe, 9, 39]. `Fr. Meinecke`

Ähnlich, wenn auch mit teilweise anderen Akzentsetzungen, hat auch LUDWIG DEHIO die Grundlinie der preußisch-deutschen Geschichte seit der Mitte des 17. Jahrhunderts (neben der repressiven Herrschaftstechnik im Inneren) gerade in der Tendenz zu außenpolitischer Expansion gesehen. Allerdings möchte er diese Entwicklung in den Kampf um „Gleichgewicht oder Hegemonie" eingebettet sehen, der für ihn das Bewegungsgesetz des modernen europäischen Staatensystems war, und möchte somit die Expansions- und Kriegspolitik des Dritten Reiches als erneuten – und letzten – „Ansturm der festländischen Vormacht auf die Höhe der Hegemonie" [202: Gleichgewicht, 228] verstanden wissen. Die Hybris und Überdehnung dieses Versuchs hat dann in seinen Augen das Ende des alten Europa herbeigeführt. `L. Dehio`

Diesen Interpretationsansätzen, die – bei aller Differenzierung im einzelnen – doch insgesamt die Kontinuität der Grundlinien und Bestimmungsfaktoren der deutschen Außenpolitik im 19. und 20. Jahrhundert betonen, ist schon bald entschieden widersprochen

worden. Die Kritik gilt vor allem der Parallelisierung des Bismarck-
und des Wilhelminischen Reiches mit der nationalsozialistischen
Diktatur, die die Wandlungen und Brüche in dieser Entwicklung
verkenne, bezieht sich aber auch auf die (Fehl-)Deutung der preußi-
schen Geschichte als ständigen Anlauf zu Expansion und Hegemo-
G. Ritter   nie. So hat etwa GERHARD RITTER es für „voreilig und ungerecht"
gehalten, „den Nationalsozialismus mit seinen Gewaltmethoden für
eine Art Erblast der Deutschen zu erklären"; seine Wurzeln seien
vielmehr im Jakobinismus als Kind und europäischem Erbe der
Französischen Revolution zu suchen. Zudem hält er „die Wechsel-
fälle deutschen Schicksals ... [für] viel zu mannigfaltig, als daß wir
annehmen dürften, es habe in der Vergangenheit nur den einen Weg
gegeben, der uns schließlich in den Abgrund geführt hat" [214:
Europa, 199]. Damit ist die Kontinuitätsthese eindeutig zurückge-
wiesen und das nationalsozialistische Deutschland in eine andere,
„totalitäre" Linie eingefügt.

Beide hier vorgestellten Interpretationsmuster haben die wissenschaftliche Diskussion um den „Ort" des Dritten Reiches in der
deutschen und europäischen Geschichte in den 1950er und begin-
nenden 1960er Jahren in hohem Maße geprägt, wobei allerdings die
Stimmen überwogen, die sich gegen eine Gleichsetzung von Kaiserreich und Hitlers Diktatur wandten. Dies gilt auch für die „in der
Interpretationen   großdeutschen Tradition der Historiographie stehende[n] Repräsen-
aus großdeutscher   tanten des Faches" [40: K. HILDEBRAND, Drittes Reich, 223]; auch
Sicht   wenn sie die Gründung des kleindeutschen Nationalstaates als eine
eher verhängnisvolle Weggabelung der deutschen Geschichte ein-
schätzten, wollten sie damit keinesfalls einen direkten Weg von Bismarck zu Hitler behaupten. Insgesamt jedoch wurden in den wissenschaftlichen Auseinandersetzungen dieser Jahre die Wandlungen
und Brüche in der Entwicklung von Brandenburg-Preußen zum
preußisch-deutschen Nationalstaat und zum Dritten Reich hervorgehoben, die es verböten, eine solche Linie zu ziehen.

Eine neue, heftige und bis heute andauernde Kontroverse um
F. Fischer   diese Frage löste dann FRITZ FISCHERS 1961 publiziertes großes
Werk über die „Kriegszielpolitik des kaiserlichen Deutschland"
aus, die er unter dem Postulat des „Griff[s] nach der Weltmacht"
sah. Hierbei konstatierte er eine Kontinuität der Machtstrukturen
und weitgehende Identität der Führungsgruppen von der Reichsgründung bis zum Ende des Zweiten Weltkriegs, deren übergreifen-
des Ziel es gewesen sei, durch äußere Expansion und „Weltmacht"-
Streben die inneren Verhältnisse des deutschen Nationalstaats zu

konservieren und die eigene Position gegen politische Veränderungen abzusichern. Dieser „primär defensiv-konservativen Zielsetzung nach innen" entsprach in seiner Sicht „eine offensiv-expansive Zielsetzung nach außen. Nach der Hegemonie Preußens in Deutschland die Hegemonie Preußen-Deutschlands in Europa, zugleich als Basis zur Erringung einer Stellung als Weltmacht." Zwar wollte Fischer Kontinuität nicht als Identität, „schon gar nicht als ungebrochene Identität", verstanden und auch den politischen Terror und Genozid im Dritten Reich als Vorgang sui generis gekennzeichnet wissen. Doch „so singulär die verbrecherisch-unmenschlichen Züge der Hitler-Diktatur waren, es würde eine unzulässige Verkürzung der historischen Wirklichkeit sein, das ‚Dritte Reich' allein von diesem Geschehen aus zu sehen. Vielmehr ist es nötig, die durchgehenden Strukturen und Ziele des 1866/71 entstandenen und 1945 untergegangen Preußisch-Deutschen Reiches zu analysieren, sich das Kontinuum im Wandel und seine Wirkungen im internationalen System zu vergegenwärtigen" [204: Bündnis, 8 u. 94 f.].

Der von Fischers Thesen ausgehende Impuls hat insbesondere zu einer Neubewertung der inneren Strukturen des Kaiserreichs, damit zusammenhängend aber auch zu einer erneuten Diskussion um die „Ermöglichung" Hitlers geführt. Hierbei sind außenpolitische Vorgänge im allgemeinen als sozialimperialistische Ablenkungsmanöver und als Strategie der „sekundären Integration" interpretiert worden, die dazu beigetragen hätten, Forderungen nach politischer und sozialer Emanzipation abzuwehren. „Wenn es eine Kontinuität im deutschen Imperialismus gibt", so faßt HANS-ULRICH WEHLER diese Argumentation zusammen, „dann nicht so sehr in den rein ökonomischen Interessen, sondern im Primat des Sozialimperialismus von Bismarck bis Hitler." Diese Linie zieht er von der Kolonialpolitik des ersten Reichskanzlers über die wilhelminische „Weltpolitik" und die Kriegszielpolitik im Ersten Weltkrieg bis hin zum „kontinentalen und geplanten überseeischen Imperialismus des Nationalsozialismus" [217: Krisenherde, 131]. H.-U. Wehler

Die von diesem Interpretationsansatz ausgehende Herausforderung hat die wissenschaftliche Diskussion um Grundzüge und Grundmuster der Entwicklung des deutschen Nationalstaats bis zum heutigen Tag geprägt. Hier war es dann zunächst und vor allem ANDREAS HILLGRUBER, der – Fischers Ansatz aufnehmend und kritisch reflektierend – die „Kontinuität und Diskontinuität in der deutschen Außenpolitik von Bismarck bis Hitler" neu zu bestimmen gesucht hat. Auch er konstatiert zunächst einmal vielfältige Mo- A. Hillgruber mente der Kontinuität und verweist insbesondere auf die Orientierung an Kategorien einer (auch in den Osten des Kontinents weisenden) Großmacht-, ja, Hegemonialposition, aber auch auf die Dominanz militärischer Denkbilder und Lösungsansätze, mit denen die erstrebten außenpolitischen Ziele erreicht werden sollten. Demgegenüber markiert er als die entscheidende Bruchstelle in dieser Kontinuitätslinie die „Überlagerung dieser weitgespannten machtpolitischen Komponente mit radikalen rassenideologischen Zielsetzungen eines universalen Antisemitismus", die in seiner Sicht „qualitativ etwas anderes dar[stellten] als selbst die extremen expansionistischen ,Programme' aus den letzten Jahren des Weltkrieges 1914/18". Allerdings schränkt Hillgruber dieses ins Grundsätzliche weisende Urteil gleichzeitig wieder durch den Hinweis ein, daß ungeachtet Hitlers rassenideologischen „Programms" „seine im engeren Sinne außenpolitische Zielsetzung doch erstaunlich viele Züge" aufweise, „die mit Einschätzungen und Wunschvorstellungen der Wilhelminischen Ära übereinstimmten" und die es deshalb vielen Vertretern der traditionellen Machteliten leicht gemacht habe, sich partiell mit der nationalsozialistischen Außenpolitik zu identifizieren. Somit liegen auch für ihn „Kontinuität und Diskontinuität gerade in der Außenpolitik des ,Dritten Reiches' doch näher beieinander, als es in einer auf Hitlers ,letzte' Ziele und die Verbrechen des Nationalsozialismus konzentrierten Betrachtungsweise, aber auch bei einer Betonung seiner quasi-revolutionären Methoden, erscheint" [42: Großmachtpolitik, 31 u. 33 f.].

K. Hildebrand   Dies aufgreifend und fortführend, hat auch KLAUS HILDEBRAND „Hitlers Ort in der Geschichte des preußisch-deutschen Nationalstaates" [207] zu bestimmen gesucht. Hierbei distanziert er sich zunächst einmal von dem Versuch, die nationalsozialistische Außenpolitik als Beispiel einer sozialimperialistischen „Flucht nach vorn" zur Konsolidierung der politischen und gesellschaftlichen Machtstrukturen zu interpretieren, da in seiner Sicht Hitler „im Prinzip ... nach der Überwindung, nicht nach der Perpetuierung des bestehenden Herrschafts- und Sozialsystems" getrachtet habe. Zwar verkennt er nicht die Bedeutung des „Bündnisabschluss[es] zwischen alten Führungsschichten und nationalsozialistischer Bewegung", der für die „Machtergreifung" entscheidend gewesen sei, doch setzt er hiervon Hitlers Zielsetzung einer „rassisch geprägte[n] Eroberung und Herrschaft in globalem Ausmaß" ab, die die traditionelle Linie der deutschen Außenpolitik gesprengt habe. Ähnlich wie Hillgruber zeigt auch er sich bereit, „dem Diktum ... über den zwar verschlun-

genen, aber unleugbar vorhandenen Weg deutscher Geschichte, der
von Bismarck zu Hitler geführt habe, ... beizupflichten, wenn man
an die Bedingungen der ‚Ermöglichung' Hitlers denkt, nicht jedoch,
wenn man den Blick auf die seit den zwanziger Jahren festliegenden
Endziele seiner Herrschaft richtet, die ab 1936/37 ihr Eigengewicht
entwickelten und verwirklicht wurden" [Innenpolitische Antriebskräfte der nationalsozialistischen Außenpolitik, in: 37: M. FUNKE
(Hrsg.), Hitler, 234].

Noch eindeutiger möchte sich HANS-ADOLF JACOBSEN von Fi-   H.-A. Jacobsen
schers Kontinuitätsthese absetzen. In seiner Sicht sollte die Außenpolitik des Dritten Reiches „weniger im Lichte der Kontinuität gesehen werden als vielmehr unter dem Aspekt eines revolutionären
Umbruchs". Trotz der nicht zu leugnenden Identität mancher Teil-
ziele mit denjenigen der Weimarer Regierungen war für ihn nicht
nur die Zielsetzung der nationalsozialistischen Außenpolitik im
Sinne des „Aufbau[s] eines neuen, nach rassischen Prinzipien ge-
waltsam ‚geordneten' europäischen Kontinents" [210: Kontinuität,
10] neu und revolutionär, sondern dies gilt ebenso für deren Methoden wie für deren Instrumentarium, wo Elemente des Neuen die
traditionellen Eliten und Ämter verdrängten. Auch dies läßt ihn die
Zäsur des 30. Januar 1933 betonen. Diesem Urteil schließt sich
KARL DIETRICH BRACHER an, der den Befürwortern der Kontinui-   K. D. Bracher
tätsthese vorhält, die „weitreichenden, die traditionelle Machtpolitik und auch die Kontinuität deutschen Großmachtstrebens trans-
zendierenden Herrschafts- und Expansionsziele" Hitlers zu verkennen und die „radikale ... Konsequenz, mit der sie verfolgt wurden"
[198: Kontroversen, 76], zu unterschätzen.

Die von diesen kontroversen Einschätzungen ausgehenden Anstöße haben die Diskussion um die nationalsozialistische Außenpolitik und ihren historischen Hintergrund bis in die Gegenwart geprägt. Neue Impulse in diesem Zusammenhang brachte die Ende
der 1970er und Anfang der 1980er Jahre erneut geführte Debatte
um die Existenz oder Nicht-Existenz eines „deutschen Sonder-   These vom „deut-
wegs". Dieses Interpretationsmodell sieht im Gang der deutschen   schen Sonderweg"
Geschichte spätestens seit der Mitte des 19. Jahrhunderts eine Ab-
weichung vom „normalen" westlichen „Modell", das zu Parlamen-
tarismus und bürgerlicher Gesellschaft hingeführt habe, während im
deutschen Fall eine solche Entwicklung durch den Fortbestand
obrigkeitlicher Strukturen und durch die Dominanz der traditionellen Eliten abgeblockt worden sei. Dies habe sich im außenpolitischen Bereich in der Tendenz zu (sozialimperialistischer) Expansion

und Weltmachtstreben niedergeschlagen. Das Für (vgl. S. 104 f.) und Wider in der Debatte um die „Sonderwegs"-These hat dann auch den „Ort" der nationalsozialistischen Außenpolitik neu zu bestimmen gesucht.

D. Calleo   Vor allem DAVID CALLEO hat mit seinem Vorschlag Aufsehen erregt, die illiberale Innen- und expansive Außenpolitik des deutschen Nationalstaats aus dessen schwieriger geographischer Mittellage zu erklären: „Modern Germany was born encircled" [200: German Problem, 206]. Damit wurde Hitlers Expansions- und Kriegskurs nun nicht mehr als Folge der inneren Disposition und Herrschaftsstruktur des Dritten Reiches gesehen, sondern in eine neue, durch das internationale System bedingte Entwicklungslinie gerückt, wobei der (objektiv vorhandene oder subjektiv empfundene) Mangel an äußerer Sicherheit die Aggressivität seiner Außenpolitik bewirkt habe. Calleo knüpft hiermit an Forderungen Dehios aus den späten 1940er Jahren an, auch die Bedingungen und die Struktur des europäischen Staatensystems für die Bewertung der Triebkräfte der nationalsozialistischen Außenpolitik zu berücksichtigen, um so die komplexen Beziehungen zwischen „Germany and the World Order" angemessen beurteilen zu können.

G. Eley   Größere Beachtung noch haben die beiden englischen Historiker DAVID BLACKBOURN und GEOFF ELEY gefunden, die die „Sonderwegs"-These ebenfalls in Frage gestellt haben. In ihrer Sicht war nicht die Vorherrschaft der traditionellen, vorindustriellen Eliten das Kennzeichen der inneren Entwicklung des preußisch-deutschen Nationalstaats, sondern im Gegenteil die Durchsetzung der bürgerlichen Kräfte; sie hätten eindeutig die wirtschaftliche und gesellschaftliche Situation seit dem ausgehenden 19. Jahrhundert geprägt. Damit kann nun auch nicht mehr die von der europäischen Norm abweichende politische und soziale Struktur des Kaiserreichs für das Aufkommen des Nationalsozialismus wie für die Wesensmerkmale seiner inneren und äußeren Politik verantwortlich gemacht werden, vielmehr sehen Eley und Blackbourn dies eher in „the structures and processes of Germany's extraordinarily dynamic capitalist development" [203: G. ELEY, From Unification, 11] begründet. Der ungleichmäßige Wachstumsprozeß der deutschen Wirtschaft und die sich hieraus ergebenden Verwerfungen haben in ihren Augen Hitler „ermöglicht" und seine Politik geprägt.

Ausgehend von dieser grundlegenden Kritik an bisherigen Deutungsmustern der jüngeren deutschen Geschichte ist sogar die Anregung gemacht worden, den „Sonderwegs"-Begriff nicht mehr

auf die gesamte Entwicklung des preußisch-deutschen Nationalstaats seit der Mitte des 19. Jahrhunderts anzuwenden, sondern ihn
allein auf die Zeit des Dritten Reiches zu übertragen. Den Vorschlag, den „deutsche[n] Sonderweg ... auf die Epoche der NS- K. D. Bracher
Herrschaft zu begrenzen" und hiervon ein deutsches „Sonderbewußtsein" vor 1933 abzusetzen, hat als erster KARL DIETRICH BRA-
CHER zur Diskussion gestellt, denn in seiner Sicht war „der Weg von
der Demokratie zur Diktatur ... kein deutscher Sonderfall, wohl
aber entsprach die Radikalität der NS-Diktatur jener Schärfe eines
deutschen Sonderbewußtseins, das nun, 1933-1945, auch politisch
voll und totalitär zur Geltung kam" [Diskussionsbeitrag in: 216:
Deutscher Sonderweg, 53]. Ähnlich möchte auch KLAUS HILDE-
BRAND nicht „von einem deutschen Sonderweg ins ‚Dritte Reich'" K. Hildebrand
ausgehen, sondern „in der singulären Untat der Ermordung von
vier bis sechs Millionen Juden" wie in dem Ziel einer globalen Rassenherrschaft „den zwischen 1933 und 1945 eingeschlagenen deutschen Sonderweg" [Deutscher Sonderweg und Drittes Reich, in: 54:
W. MICHALKA (Hrsg.), Machtergreifung, 392] sehen. Dieser „Sonderfall Hitler" hat jedoch in seinen Augen „mit dem Eigenweg der
Deutschen im Rahmen der europäischen Geschichte und mit ihrem
spätestens wohl seit 1648 entwickelten, sodann im 19. Jahrhundert
gesteigerten (außen-)politischen Sonderbewußtsein ... nicht ursächlich, jedenfalls nicht bruchlos zu tun". Die Aufgabe, Gewicht, Stellung und „Ort" dieser „große[n] historische[n] Ausnahme" im Verlauf der deutschen Geschichte auszuloten, muß in seinen Augen
darin liegen, „die unübersehbaren Verbindungslinien im Bereich
der inneren und äußeren Politik auszumachen, aber auch den Bruch
des Jahres 1933 im Hinblick auf das Totalitäre nationalsozialistischer Herrschaft und Rassenpolitik zu bestimmen" [Der deutsche
Eigenweg, in: 36: M. FUNKE (Hrsg.), Demokratie, 31]. Zwischen diesen beiden Polen wird sich auch in Zukunft die Diskussion um das
Kontinuitätsproblem in der deutschen Geschichte bewegen.

Hierbei wird sie sich – wie bisher – methodisch immer zu ge-
wärtigen haben, daß jede Kontinuitätsdebatte bei dem Versuch,
„das Spätere aus dem Früheren" zu erklären, allzu leicht dazu neigt,
die Vieldeutigkeit und Vielschichtigkeit geschichtlicher Abläufe zu
verengen und damit die Offenheit des historischen Prozesses nicht
genügend zu berücksichtigen. Dagegen ist, wie THOMAS NIPPERDEY Th. Nipperdey
betont hat, „Vergangenheit ... mehr, als es in jeder Kontinuitätsper-
spektive scheint, und sie ist anderes und anders. Vergangenheit ist
mehr als Vorgeschichte. Jede Epoche vor 1933 ist unmittelbar zu

Hitler – manche mehr, manche weniger –, aber unmittelbar ist sie noch ganz anderes, ist sie sie selbst" [212: Kontinuität, 204]. Die Balance zwischen der wissenschaftlich legitimen und notwendigen Frage nach dem „Ort" des Dritten Reiches in der deutschen Geschichte und dem Bewußtsein von der Offenheit geschichtlicher Epochen zu finden, wird als Aufgabe diejenigen begleiten, die sich auch künftig mit dieser Frage beschäftigen werden.

8. Tendenzen der Forschung seit 1990.
Nachtrag zur 2. Auflage

Innerhalb der Forschungen zum Dritten Reich hat die Debatte um die nationalsozialistische Außenpolitik schon früh einen zentralen Platz eingenommen. Mit der Rückgabe des Großteils der von den Alliierten 1945 beschlagnahmten Aktenbestände des Auswärtigen Amtes an die Bundesregierung und deren Bereitstellung für wissenschaftliche Recherchen konnten seit den 1960er Jahren noch heute wichtige Darstellungen zu Teilbereichen wie zum Gesamtthema erarbeitet werden. Durch die Öffnung korrespondierender Materialien in Archiven anderer europäischer und außereuropäischer Staaten seit den 1970er Jahren war es zudem möglich, die Außenpolitik des Dritten Reiches in einen breiteren Kontext einzubinden und dessen Position im internationalen System der 1930er und 1940er Jahre zu analysieren. Vor diesem Hintergrund entstand ein breites und ausgefeiltes Panorama der nationalsozialistischen Außenpolitik, über dessen Grundpositionen und Einzelthemen oben berichtet wurde.

Hier knüpfte die Forschung seit 1990 an. So wurde seitdem eine große Zahl von Darstellungen publiziert, die das bisherige Bild der Außenpolitik des Dritten Reiches ergänzen, um weitere Details und Nuancen bereichern, auch die Politik verschiedener Akteure beleuchten und es so weiter differenzieren. Ob es sich um die Aufarbeitung bilateraler Kontakte zu einzelnen Ländern, um die Beschäftigung mit spezifischen Phasen und Ereignissen oder um die Nachzeichnung der Handlungsmuster der Beteiligten handelt – insgesamt bestärkten diese Untersuchungen eher die zuvor gefestigte Sicht, als dass grundlegend neue Thesen oder Erkenntnisse zutage gefördert worden wären.

Aber auch schon bisher intensiv untersuchte Forschungsfelder kamen erneut ins Blickfeld. Hier sind insbesondere die deutsch-britischen Kontakte und die „Appeasement"-Politik zu nennen, aber auch die deutsch-französischen Beziehungen. Ohnehin ermöglichte es die

Deutsch-französi-
schen Beziehungen

verbesserte Archivlage in Frankreich seit Ende der 1980er Jahre, gerade letzteres eingehender zu betrachten. So konnte die Ambivalenz der französischen Politik gegenüber dem nationalsozialistischen Deutschland verdeutlicht und ihr Oszillieren zwischen Unsicherheiten und Einschätzungsproblemen, von Anläufen zu einer Politik der Stärke und der Eindämmung sowie einem eher resignierten „Apaisement" Hitlers prägnant herausgearbeitet werden. Während in den Jahren nach der nationalsozialistischen Machtergreifung diese verschiedenen Linien nebeneinander standen bzw. miteinander verschlungen waren und eine solche Offenheit „zu einem Kennzeichen der französisch-deutschen Beziehungen" [247: R.W. Mühle, Frankreich, 358] wurde, verlagerte sich der Schwerpunkt gegen Ende der 1930er Jahre doch mehr zu einer Politik des „Apaisement", um auf diese Weise einen „großen Krieg" abzuwenden. Hierbei ist die Eigenständigkeit der französischen Außenpolitik auch gegenüber dem britischen Partner und der bewussten Annäherung an das nationalsozialistische Deutschland herausgearbeitet worden, deren „Höhepunkte" [219: H.F.Bellstedt, „Apaisement", 260] das Münchener Abkommen und die deutsch-französische Erklärung vom Dezember 1938 waren.

Diese Ambivalenz im deutsch-französischen Verhältnis und die Mehrgleisigkeit der französischen Deutschland- und der deutschen Frankreichpolitik konnten auch am Beispiel von zwei Mittelsmännern beleuchtet werden, die in besonderer Weise auf einen Ausgleich zwischen den bisherigen „Erbfeinden" bedacht waren, nämlich Fernand de Brinon [229: C. Franz, de Brinon] und Otto Abetz [253: R. Ray, Annäherung]. In beiden politischen Biographien werden nicht nur Bereiche ausgeleuchtet, in denen neben der politisch-diplomatischen Ebene auch der Bau kultureller und ideologischer Brücken versucht und so die Verständigung untermauert werden sollte, beide Autoren können auch zeigen, wie diese Ansätze in Krieg und Besatzung hinein fortdauerten, jedoch angesichts der asymmetrischen Machtverhältnisse zusehends illusionärer wurden.

Damit reichen die Darstellungen über Abetz und de Brinon auch in ein Themenfeld hinein, das in den letzten Jahren kontrovers diskutiert worden ist, nämlich nach dem außenpolitischen Entscheidungsprozess und nach Gewicht und Profil einzelner Akteure. Hier hat Stefan Kley – anknüpfend an die Arbeit von Wolfgang Michalka [112: Ribbentrop] – die Rolle Ribbentrops in der Krise der Jahre 1938 und 1939 detailliert untersucht. Er charakterisiert den Außenminister als einen Opportunisten, der seine eigenen außenpolitischen Vorstellungen willfährig den Zielsetzungen Hitlers unterwarf. „Ribbentrop

Akteure der nationalsozialistischen Außenpolitik

konnte keinen prägenden Einfluß auf die deutsche Außenpolitik nehmen, weil die wesentlichen Entscheidungen allein von Hitler getroffen wurden." [281: St. Kley, Hitler, 326]. Zwar habe er es „bis an die Spitze des Auswärtigen Amtes gebracht, aber unangefochten an der Spitze der deutschen Außenpolitik stand er deshalb nicht" [ebd., 232], vielmehr habe das Auswärtige Amt im Dritten Reich nur ein Schattendasein geführt.

Dies leitet über zu der generellen Frage nach der Rolle dieses traditionsreichen Ministeriums unter der nationalsozialistischen Diktatur. Hierbei ist nicht nur seine Bedeutung für die auswärtige Politik dieser Jahre darzulegen, sondern auch die personelle Struktur des Auswärtigen Dienstes und deren Veränderungen zwischen 1933 und 1945 zu analysieren. Hier hatte Hans-Jürgen Döscher 1987 bereits eine erste Darstellung zur „Diplomatie im Schatten der Endlösung" [104: Das Auswärtige Amt] vorgelegt, die – neben anderen Materialien – auch auf der Auswertung einer in den National Archives der USA überlieferten Sammlung der Personalbögen von 330 Beamten des höheren auswärtigen Dienstes beruhte und in der er die zunehmende Infiltration durch die Dienststelle Ribbentrop und die SS herausgearbeitet hat. Auch die Verstrickung des Auswärtigen Amtes in die Vernichtungspolitik des Regimes sah er durch diese personelle Verflechtung begünstigt. Hier hat Döscher in einer neuen Publikation [270: Seilschaften] angeknüpft. In ihr bekräftigt der Autor nicht nur die Einschätzung, dass die Vorbereitung, Mitwirkung und Abschirmung durch das Auswärtige Amt eine wichtige Voraussetzung für die politische Durchsetzung und organisatorische Effizienz der „Endlösung" gewesen sei, vielmehr sieht er auch deutliche personelle Überlappungen zum Auswärtigen Dienst der frühen Bundesrepublik. Diese Diskussionen über eine angebliche „braune" Vergangenheit des Auswärtigen Dienstes haben den deutschen Außenminister im Sommer 2005 bewogen, eine Historikerkommission zu berufen, die die Rolle des Auswärtigen Amtes während des Dritten Reiches sowie die Frage personeller Kontinuität bzw. Diskontinuität nach 1945 erforschen soll. Auf der Basis dieser Recherchen wird es dann besser möglich sein, das Gewicht des Auswärtigen Amtes in der Außenpolitik des Dritten Reiches näher zu bestimmen, die Rolle seiner Mitglieder zwischen Widerstand, Selbstbehauptung und Zuarbeit zur „Endlösung" darzulegen und somit auch dessen „Erbe" für die Bundesrepublik Deutschland einzuschätzen.

Kriegsausbruch 1939   Ein deutlicher Schwerpunkt der Forschung kreiste um den Kriegsausbruch 1939 und um den Weg in den Zweiten Weltkrieg.

Auslöser dieser Debatte – wenn auch nicht der alleinige, aber doch der maßgebliche – war eine Neubewertung des Hitler-Stalin-Paktes, die sich durch die Öffnung sowjetischer Archive seit den späten 1980er Jahren ergab. Die politische Führung in Moskau stellte die bisher geleugnete Existenz des geheimen Zusatzprotokolls seit dem Sommer 1989 nicht mehr in Frage, der Kongress der Volksdeputierten setzte sogar einen Ausschuss für eine politische und rechtliche Bewertung des Vertrages und seines Anhangs ein. In ihrem Anfang August 1989 veröffentlichten Bericht verurteilte diese Kommission den Abschluss des Nichtangriffspaktes vom 23. August 1939 samt des Zusatzprotokolls sowie des anschließenden Freundschafts- und Grenzvertrags vom 28. September 1939 als eine Abkehr von den Grundsätzen der Leninschen Außenpolitik und vom Prinzip der Souveränität und Unabhängigkeit der betroffenen Drittländer. Diese Revision der bisherigen Beurteilung des Hitler-Stalin-Paktes war dann Gegenstand brisanter wissenschaftlicher und politischer Auseinandersetzungen in der Sowjetunion, wobei die außenpolitische Situation der UdSSR im Sommer 1939, die Einschätzung der Appeasement-Politik der Westmächte und die Konflikte um die Tschechoslowakei und um Polen im Zentrum standen.

Auf einer Tagung anlässlich des 50. Jahrestages des Kriegsbeginns in Berlin haben sowjetische Historiker diese neue Sicht vor einem internationalen Publikum vorgetragen und so der allgemeinen Debatte um „die Entfesselung des Zweiten Weltkriegs und das internationale System" [279: K. Hildebrand u.a. (Hrsg.), 1939. An der Schwelle] zusätzliche Impulse gegeben. Allerdings blieb auch zwischen ihnen die Frage strittig, ob der Abschluss des Nichtangriffspaktes und des geheimen Zusatzprotokolls die Gefahr eines Zweifrontenkrieges von der Sowjetunion abgewendet und dem Land somit zumindest eine Atempause gewährt habe oder ob eine solche Zwangslage nicht vorlag, der Vorteil des Vertrags vielmehr allein bei Hitler gelegen habe. Dennoch bestand Einvernehmen darüber, dass Stalins Option für Hitler in politisch-strategischer Hinsicht gewagt und in moralisch-ethischer Hinsicht verwerflich war. Damit war die Frage neu aufgerollt, wie es in der Wechselwirkung zwischen dem nationalsozialistischen Deutschland und dem internationalen Mächtesystem schließlich zur Entfesselung des Zweiten Weltkriegs gekommen sei.

Unter Einbeziehung der nun neu zugänglichen sowjetischen Quellen hat Ingeborg Fleischhauer die Entstehung des Hitler-Stalin-Paktes und seine funktionale Bedeutung für die Auslösung des Krieges detailliert untersucht. Hierbei strich sie heraus, dass „die Initiative Hitlers ...   Hitler-Stalin-Pakt für die Entstehung des Paktes in seiner endgültigen Form ausschlaggebend" war [272: Der Pakt, 408]. Hatte Stalin zunächst noch andere außenpolitische Optionen im Auge gehabt, so komprimierten sich seine Möglichkeiten immer mehr auf ein Bündnis mit dem nationalsozialistischen Deutschland, um so der Sowjetunion angesichts der bedrohlichen Verengung des internationalen Systems für absehbare Zeit Ruhe und maximale Sicherheit zu gewähren. Diese Erstarrung der diplomatischen Fronten ließ den sowjetischen Diktator in Fleischhauers Sicht auf die Offerten Hitlers eingehen, der seinerseits die Komplizenschaft Stalins für seine nächsten Kriegszüge benötigte, ohne seine langfristigen Eroberungspläne im Osten auch nur einen Moment in Frage zu stellen. An dessen Willen zum Krieg besteht auch für sie kein Zweifel.

Deutungen   Bereits die Debatte um den Hitler-Stalin-Pakt hatte generelle Fragen nach Motiven und Zielen der nationalsozialistischen Außenpolitik und nach der Entwicklung des internationalen Systems aufgeworfen. Diese Dimension der Einordnung, Zusammenfassung und Deutung ist ebenfalls ein zentrales Element in den wissenschaftlichen Debatten der letzten zwei Jahrzehnte gewesen. Charles Blochs große, nun auch in deutscher Sprache vorliegende Darstellung über „Das Dritte Reich und die Welt" [267] gibt hierbei einen prägnanten Überblick über den Verlauf der nationalsozialistischen Außenpolitik. Getragen und bestimmt sieht er sie von Hitlers programmatischen Zielen, denen sich auch die anderen Akteure letztlich unterordnen mussten. Damit nimmt Bloch Positionen auf, wie sie zuvor vor allem von Jacobsen, Hillgruber und Hildebrand vorgetragen worden sind. Dieser Interpretation folgen auch andere jüngere Gesamtdarstellungen zur nationalsozialistischen Außenpolitik wie die von Christian Leitz [282: Nazi Foreign Policy] und Rainer F. Schmidt [288: Die Außenpolitik]; beide bieten einen konzisen Aufriss ihres Bedingungsrahmens wie ihres Verlaufes und ihres Wegs in Krieg und Untergang.

Deutschland im europäischen Rahmen   Den Versuch, die Position des Dritten Reiches in den Rahmen des internationalen Systems der Zwischenzeit einzuordnen, hat Horst Möller [286: Europa] unternommen. Nachdrücklich verweist er auf die Labilität des Ordnungsrahmens, der auf der Pariser Friedenskonferenz vereinbart worden war und der – zusammen mit sozialen und ökonomischen Problemen – die Instabilität der europäischen Staatenwelt dieser Jahre bewirkte. Dennoch konstatiert er bei allen europäischen Großmächten das Bestreben, den Frieden zu wahren und durch Zugehen auf entsprechende Forderungen der „revisionistischen" Mächte letztlich zu retten. Hitlers unbedingter Entschluss zu Krieg

und Expansion ist dann in seiner Sicht das systemsprengende
Element, das – nach Phasen der Täuschung und des vorgeblichen
Friedenswillens – schließlich 1939 die internationale Ordnung zum
Einsturz brachte.

Einen anderen Blickwinkel, nämlich den „Ort" der nationalsozi- Das Dritte Reich in
alistischen Außenpolitik in der Geschichte des deutschen National- der Geschichte des
staats zu bestimmen, hat Klaus Hildebrand [280: Das vergangene deutschen National-
Reich] eingenommen. Auch er betont zunächst einmal strukturelle staats
Faktoren, die die Position des Deutschen Reiches im Geflecht der
europäischen und überseeischen Mächte bestimmt haben, nämlich
zum einen die geographische Mittellage im Zentrum des Kontinents
sowie zum anderen seine innere „Unvollendetheit". Dennoch bestimmten diese Zwänge und Konstellationen in seiner Sicht letztlich
nicht die Aktionsmöglichkeiten der politisch Verantwortlichen, vielmehr unterstreicht er deren Handlungsfreiheit in inneren wie in äußeren Angelegenheiten. Als durchgängiges Element der Außenpolitik
des Deutschen Reiches sieht Hildebrand die Wahrung der eigenen
Großmachtposition „ohne dauerhafte Anlehnung an fremde Potenzen,
unabhängig von den Mächten und Weltanschauungen in West und
Ost" [ebd., 852], eine Haltung, die jedoch immer wieder in hegemoniale Ansätze und Ausfälle mündete. Diese Verschränkung von Status-
erhalt und Ausbrechen in hegemoniale Hybris galt in seinen Augen
auf den ersten Blick selbst noch für die Außenpolitik des Dritten Reiches, was es in- und ausländischen Beobachtern so schwer machte,
den prinzipiellen Bruch mit bisherigen Traditionen zu erkennen. Dass
Hitlers „'germanische' Entgrenzung der Reichsidee" [ebd., 893] und
sein Anlauf zu einem rassisch unterlegten Weltreich eine prinzipielle
Abwendung von bisherigen außenpolitischen Wegen war, steht für
Hildebrand jedoch nicht in Frage. Der Gewaltmarsch ins „Groß-
germanische Reich" machte diesen Bruch dann allen Zeitgenossen
deutlich.

III. Quellen und Literatur

A. Quellen

1. Aktenwerke

1. Actes et Documents du Saint Siège Relatifs à la Seconde Guerre Mondiale. Bd. 1–11. Vatikanstadt 1965–1981.
2. Akten zur deutschen auswärtigen Politik 1918–1945. Serie C 1933–1937. Bd. 1–6. Göttingen 1971–1981. Serie D 1937–1941. Bd. 1–13. Baden-Baden/Frankfurt am Main u.a. 1950–1970. Serie E 1941–1945. Bd. 1–8. Göttingen 1969–1979.
3. Akten der Reichskanzlei. Regierung Hitler 1933–1938. Hrsg. v. K. REPGEN/H. BOOMS. Teil 1: 1933/34. Bd. 1: 30. Januar bis 31. August 1933. Bd. 2: 12. Sept. 1933 bis 27. August 1934. Bearb. v. K.-H. MINUTH. Boppard a. Rh. 1983.
4. Dokumente und Materialien aus der Vorgeschichte des Zweiten Weltkrieges. Ministerium für Auswärtige Angelegenheiten der UdSSR (Hrsg.). Bd. 1: November 1937–1938. Aus dem Archiv des deutschen Auswärtigen Amtes. Moskau 1949. Bd. 2: Archiv Dirksen. 1938/39. Moskau 1949.
5. Documenten betreffende de buitenlandse politiek van Nederland 1919–1945. Periode B. Bd. 2. Periode C. Bde. 1–5. s'-Gravenhage 1976–1987.
6. I Documenti Diplomatici Italiani. 7. Serie 1922–1935 Bd. XII. Rom 1987. 8. Serie 1935–1939. Bd. XII u. XIII: Mai–September 1939. Rom 1952–1953. 9. Serie 1939–1943. Bd. I–VIII: bis Oktober 1940. Rom 1954–1988.
7. Documents on British Foreign Policy 1919–1939. 2. Serie 1929–1938. Bd. 1–21. London 1947–1984. 3. Serie 1938–1939. Bd. 1–10. London 1949–1961.
8. Documents diplomatiques belges 1920–1940. Bd. 3–5: 1931–1940. Brüssel 1964–1966.
9. Documents diplomatiques français 1932–1939. 1. Serie 1932–1935. Bd. 1–13. Paris 1964–1984. 2. Serie 1936–1939. Bd. 1–19. Paris 1963–1986.
10. Dokumenty vnesnej politikii SSSR. 21 Bde.: Oktober 1917 bis Ende Dezember 1938. Moskau 1957.
11. Foreign Relations of the United States. Diplomatic Papers. Vollständig für die Jahre 1933–1945. Washington 1950–1969.

2. Editionen und Dokumentationen

12. D. EICHHOLTZ/W. SCHUMANN (Hrsg.), Anatomie des Krieges. Neue Dokumente über die Rolle des deutschen Monopolkapitals bei der Vorbereitung und Durchführung des 2. Weltkrieges. Berlin-Ost 1969.
13. G. HASS/W. SCHUMANN (Hrsg.), Anatomie der Aggression. Neue Dokumente zu den Kriegszielen des faschistischen deutschen Imperialismus im Zweiten Weltkrieg. Berlin-Ost 1972.
14. H. HEIBER (Hrsg.), Hitlers Lagebesprechungen. Die Protokollfragmente seiner militärischen Konferenzen 1942–1945. Stuttgart 1962.
15. A. HILLGRUBER (Hrsg.), Staatsmänner und Diplomaten bei Hitler. Vertrauliche Aufzeichnungen über Unterredungen mit Vertretern des Auslandes 1939–1944. 2 Bde. Frankfurt am Main 1967–1970.
16. W. HUBATSCH (Hrsg.), Hitlers Weisungen für die Kriegführung 1939–1945. Dokumente des Oberkommandos der Wehrmacht. Frankfurt am Main 1962.
17. Nürnberger Prozesse. Der Prozeß gegen die Hauptkriegsverbrecher vor dem Internationalen Militärgerichtshof. Nürnberg, 14.11.1945–1.10. 1946. 42 Bde. Nürnberg 1947–1949.
18. P. E. SCHRAMM (Hrsg.), Kriegstagebuch des Oberkommandos der Wehrmacht (Wehrmachtführungsstab) 1940–1945. 4 Bde. Frankfurt am Main 1961–1965.
19. W. SCHUMANN (Hrsg.), Griff nach Südosteuropa. Neue Dokumente über die Politik des deutschen Imperialismus und Militarismus gegenüber Südosteuropa im Zweiten Weltkrieg. Berlin-Ost 1973.
20. W. SCHUMANN/L. NESTLER (Hrsg.), Weltherrschaft im Visier. Dokumente zu den Europa- und Weltherrschaftsplänen des deutschen Imperialismus von der Jahrhundertwende bis Mai 1945. Berlin-Ost 1975.
21. Ursachen und Folgen. Hrsg. v. H. MICHAELIS/E. SCHRAEPLER. Bde. 9–23. Berlin 1964–1975.

3. Selbstzeugnisse, Reden

22. F. HALDER, Kriegstagebuch. Tägliche Aufzeichnungen des Chefs des Generalstabs des Heeres 1939–1942. Bearb. v. H.-A. JACOBSEN. 3 Bde. Stuttgart 1962–1964.
23. L. E. HILL (Hrsg.), Die Weizsäcker-Papiere. 2 Bde. Berlin/Frankfurt am Main/Wien 1974/1982.
24. A. HITLER, Mein Kampf. 2 Bde. München 1925/27.
25. DERS., Hitlers Zweites Buch. Ein Dokument aus dem Jahr 1928. Hrsg. v. G. L. WEINBERG. Geleitwort von H. ROTHFELS. Stuttgart 1961.
26. DERS., Monologe im Führerhauptquartier 1941–1944. Die Aufzeichnungen Heinrich Heims. Hrsg. v. W. JOCHMANN. Hamburg 1980.
27. DERS., Reden und Proklamationen 1932–1945. Hrsg. v. M. DOMARUS. 2 Bde. München 1965.
28. DERS., Hitlers Tischgespräche im Führerhauptquartier 1941–1942. Aufgezeichnet v. H. PICKER. Hrsg. v. P. E. SCHRAMM in Zusammenarbeit mit A. HILLGRUBER/M. VOGT. 4. überarb. Aufl. Stuttgart 1983.

B. Literatur

1. Gesamtdarstellungen und Überblicke

29. CH. BLOCH, Le IIIe Reich et le monde. Paris 1986.
30. K. D. BRACHER, Europa in der Krise. Frankfurt am Main/Berlin/Wien 1979.
31. W. CARR, Arms, Autarky and Aggression. A Study in German Foreign Policy, 1933–1939. London 1972.
32. Das Deutsche Reich und der Zweite Weltkrieg. Hrsg. v. Militärgeschichtlichen Forschungsamt. 5 Bde. Stuttgart 1979–1988.
33. J. DÜLFFER, Grundbedingungen der nationalsozialistischen Außenpolitik, in: Strukturelemente des Nationalsozialismus. Hrsg. v. L. HAUPTS/G. MÖLICH. Köln 1981, 61–88.
34. E. FORNDRAN/F. GOLCZEWSKI/D. RIESENBERGER (Hrsg.), Innen- und Außenpolitik unter nationalsozialistischer Bedrohung. Opladen 1977.
35. N. FREI, Der Führerstaat. Nationalsozialistische Herrschaft 1933 bis 1945. München 1987.
36. M. FUNKE u. a. (Hrsg.), Demokratie und Diktatur. Geist und Gestalt politischer Herrschaft in Deutschland und Europa. Düsseldorf 1987.
37. DERS. (Hrsg.), Hitler, Deutschland und die Mächte. Düsseldorf 1976.
38. L. GRUCHMANN, Nationalsozialistische Großraumordnung. Stuttgart 1962.
39. K. HILDEBRAND, Deutsche Außenpolitik 1933–1945. Kalkül oder Dogma? 4. Aufl. Stuttgart/Berlin 1980.
40. DERS., Das Dritte Reich. 3. überarb. u. erw. Aufl. München 1987.
41. A. HILLGRUBER, Die gescheiterte Großmacht. Eine Skizze des Deutschen Reiches 1871–1945. 4. Aufl. Düsseldorf 1984.
42. DERS., Großmachtpolitik und Militarismus im 20. Jahrhundert. Düsseldorf 1974.
43. DERS., Deutsche Großmacht- und Weltpolitik im 19. und 20. Jahrhundert. 2. Aufl. Düsseldorf 1979.
44. DERS., Grundzüge der nationalsozialistischen Außenpolitik 1933–1945, in: Saeculum 24 (1973) 328–345.
45. DERS., Hitlers Strategie. Politik und Kriegführung 1940–1941. 2. Aufl. München 1982.
46. DERS., Die Zerstörung Europas. Beiträge zur Weltkriegsepoche 1914 bis 1945. Berlin 1988.
47. H.-A. JACOBSEN, Nationalsozialistische Außenpolitik 1933–1938. Frankfurt am Main 1968.
48. E. JÄCKEL, Hitlers Herrschaft. Vollzug einer Weltanschauung. Stuttgart 1986.
49. DERS., Hitlers Weltanschauung. Entwurf einer Herrschaft. Erw. u. überarb. Neuausgabe. Stuttgart 1981.

50. F. KNIPPING/K.-J. MÜLLER (Hrsg.), Machtbewußtsein in Deutschland am Vorabend des Zweiten Weltkrieges. Paderborn 1984.
51. A. KUHN, Hitlers außenpolitisches Programm. Entstehung und Entwicklung 1919–1939. Stuttgart 1970.
52. B. MARTIN, Friedensinitiativen und Machtpolitik im Zweiten Weltkrieg 1939–1942. 2. Aufl. Düsseldorf 1976.
53. W. MICHALKA (Hrsg.), Nationalsozialistische Außenpolitik. Darmstadt 1978.
54. DERS. (Hrsg.), Die nationalsozialistische Machtergreifung. Paderborn 1984.
55. H. MOMMSEN, Nationalsozialismus, in: Sowjetsystem und demokratische Gesellschaft. Bd. 4, Sp. 695–713.
56. W. MOMMSEN/L. KETTENACKER (Hrsg.), The Fascist Challenge and the Policy of Appeasement. London 1983.
57. G. NIEDHART (Hrsg.), Kriegsbeginn 1939. Entfesselung oder Ausbruch des Zweiten Weltkrieges? Darmstadt 1976.
58. N. RICH, Hitler's War Aims. 2 Bde. New York 1973–1974.
59. K. ROHE (Hrsg.), Die Westmächte und das Dritte Reich 1933–1939. Paderborn 1982.
60. J. R. VON SALIS, Weltgeschichte der Neuesten Zeit. 3 Bde. 2. Aufl. Zürich 1962.
61. TH. SCHIEDER, Europa im Zeitalter der Weltmächte, in: Handbuch der europäischen Geschichte. Hrsg. v. Th. SCHIEDER. Bd. 7.1. Stuttgart 1979.
62. W. SCHUMANN/G. HASS (Hrsg.), Deutschland im zweiten Weltkrieg. 6 Bde. Berlin-Ost 1974–1985.
63. H.-U. THAMER, Verführung und Gewalt. Deutschland 1933–1945. Berlin 1986.
64. D. C. WATT, The Debate over Hitler's Foreign Policy – Problems of Reality or Faux Problèmes?, in: Deutsche Frage und europäisches Gleichgewicht. Hrsg. v. K. HILDEBRAND/R. POMMERIN. Köln/Wien 1985, 149–168.
65. G. L. WEINBERG, Friedenspropaganda und Kriegsvorbereitung, in: Deutschland 1933. Hrsg. v. W. TREUE/J. SCHMÄDEKE. Berlin 1984, 119–135.
66. DERS., The Foreign Policy of Hitler's Germany. 2 Bde. London/Chicago 1970 u. 1980.
67. B.-J. WENDT, Großdeutschland. Außenpolitik und Kriegsvorbereitung des Hitler-Regimes. München 1987.

2. Einzelfragen und -probleme

68. W. BENZ/H. GRAML (Hrsg.), Sommer 1939. Die Großmächte und der europäische Krieg. Stuttgart 1979.
69. D. BRACHER/W. SAUER/G. SCHULZ, Die nationalsozialistische Machtergreifung. Köln/Opladen 1960.
70. E. CZICHON, Der Primat der Industrie im Kartell der nationalsozialistischen Macht, in: Das Argument 10 (1968) 168–192.

71. S. Dengg, Deutschlands Austritt aus dem Völkerbund und Schachts „Neuer Plan", Frankfurt am Main/Bern/New York 1986.

72. D. Doering, Deutsche Außenwirtschaftspolitik 1933–35, Berlin 1969.

73. J. Dülffer, Der Beginn des Krieges 1939: Hitler, die innere Krise und das Mächtesystem, in: GG 2 (1976) 443–470.

74. Ders., Weimar, Hitler und die Marine. Reichspolitik und Flottenbau 1920–1939. Düsseldorf 1973.

75. D. Eichholtz, Geschichte der deutschen Kriegswirtschaft 1939–1945. 2 Bde. Berlin-Ost 1984 u. 1985.

76. Ders./K. Gossweiler, Noch einmal. Politik und Wirtschaft 1933–1945, in: Das Argument 10 (1968) 210–227.

77. F. Forstmeier/H. E. Volkmann (Hrsg.), Wirtschaft und Rüstung am Vorabend des Zweiten Weltkrieges. Düsseldorf 1975.

78. H. Graml, Die außenpolitischen Vorstellungen des deutschen Widerstands, in: Der deutsche Widerstand gegen Hitler. Hrsg. v. W. Schmitthenner/H. Buchheim. Köln/Berlin 1966, 15–72.

79. O. Groehler, Die Erforschung der Geschichte des Zweiten Weltkrieges. Stand und Aufgaben, in: ZfG 33 (1985) 316–322.

80. M. Hauner, Did Hitler Want a World Dominion?, in: JContH 13 (1978) 15–32.

81. J. Hiden, National Socialism and Foreign Policy 1919–1933, in: The Nazi Machtergreifung. Hrsg. v. P. D. Stachura, London 1983, 146–161.

82. K. Hildebrand, Vom Reich zum Weltreich. Hitler, NSDAP und koloniale Frage 1919–1945. München 1969.

83. Ders., Die ostpolitischen Vorstellungen im deutschen Widerstand, in: GWU 29 (1978) 213–241.

84. A. Hillgruber, Endlich genug über Nationalsozialismus und Zweiten Weltkrieg? Düsseldorf 1982.

85. P. Hoffmann, Peace through Coup d'Etat. The Foreign Contacts of the German Resistance 1933–1944, in: CEH 19 (1986) 3–44.

86. G. Martel (Hrsg.), 'The Origins of the Second World War' Reconsidered. Boston 1986.

87. T. W. Mason, Zur Funktion des Angriffskrieges 1939, in: Grundfragen der deutschen Außenpolitik seit 1871. Hrsg. v. G. Ziebura. Darmstadt 1975, 376–413.

88. G. Moltmann, Weltherrschaftsideen Hitlers, in: Europa und Übersee. Hrsg. v. O. Brunner/D. Gerhard. Hamburg 1961, 197–240.

89. R. J. Overy, Hitler's War and the German Economy. A Reinterpretation, in: EconHR 35 (1982) 272–291.

90. J. Rohwer/E. Jäckel (Hrsg.), Kriegswende Dezember 1941. Koblenz 1984.

91. M. Salewski, Das maritime Dritte Reich – Ideologie und Wirklichkeit 1933–1945, in: Die deutsche Flotte im Spannungsfeld der Politik 1848–1985. Hrsg. v. Deutschen Marine Institut und v. Militärgeschichtlichen Forschungsamt. Herford 1985, 113–139.

92. J. Schmädeke/P. Steinbach (Hrsg.), Der deutsche Widerstand gegen den Nationalsozialismus. München/Zürich 1985.

93. G. Schulz, Nationalpatriotismus im Widerstand, in: VfZG 32 (1984) 331–372.

94. B. STEGEMANN, Der Entschluß zum Unternehmen Barbarossa. Strategie oder Ideologie?, in: GWU 33 (1982) 205–213.
95. DERS., Hitlers Ziele im ersten Kriegsjahr 1939/40. Ein Beitrag zur Quellenkritik, in: MGM 27 (1980) 93–105.
96. H. STEHLE, Deutsche Friedensfühler bei den Westmächten im Februar/ März 1945, in: VfZG 30 (1982) 538–555.
97. G. STOAKES, Hitler and the Quest for World Dominion, Leamington Spa/Hamburg/New York 1986.
98. G. THIES, Architekt der Weltherrschaft. Die „Endziele" Hitlers. 2. Aufl. Düsseldorf 1976.
99. A. J. P. TAYLOR, Die Ursprünge des Zweiten Weltkrieges. Gütersloh 1962.
100. G. WOLLSTEIN, Vom Weimarer Revisionismus zu Hitler. Das Deutsche Reich und die Großmächte in der Anfangsphase der nationalsozialistischen Herrschaft in Deutschland. Bonn 1973.

3. Auswärtiges Amt, Diplomatie

101. R. A. BLASIUS, Für Großdeutschland – gegen den großen Krieg. Staatssekretär Ernst Frhr. von Weizsäcker in den Krisen um die Tschechoslowakei und Polen 1938/39. Köln/Wien 1981.
102. R. BOLLMUS, Das Amt Rosenberg und seine Gegner. Stuttgart 1970.
103. CH. R. BROWNING, The Final Solution and the German Foreign Office. A Study of Referat D III of Abteilung Deutschland 1940–1943. New York/London 1978.
104. H.-J. DÖSCHER, Das Auswärtige Amt im Dritten Reich. Berlin 1986.
105. J. L. HEINEMAN, Hitler's First Foreign Minister. Constantin Freiherr von Neurath. Los Angeles/London 1979.
106. H.-A. JACOBSEN, Zur Rolle der Diplomatie im 3. Reich, in: Das Diplomatische Korps 1871–1945. Hrsg. v. K. SCHWABE. Boppard/Rh. 1985, 171–199.
107. P. KRÜGER/E. J. C. HAHN, Der Loyalitätskonflikt des Staatssekretärs Bernhard Wilhelm von Bülow im Frühjahr 1933, in: VfZG 20 (1972) 376–410.
108. A. KUBE, Pour le mérite und Hakenkreuz. Hermann Göring im Dritten Reich. München 1986.
109. S. KUUSISTO, Alfred Rosenberg in der nationalsozialistischen Außenpolitik 1933–39. Helsinki 1984.
110. P. LONGERICH, Propagandisten im Krieg. Die Presseabteilung des Auswärtigen Amtes unter Ribbentrop. München 1987.
111. ST. MARTENS, Hermann Göring. „Erster Paladin des Führers" und „Zweiter Mann im Reich". Paderborn 1985.
112. W. MICHALKA, Ribbentrop und die deutsche Weltpolitik 1933–1940. München 1980.
113. M. THIELENHAUS, Zwischen Anpassung und Widerstand: Deutsche Diplomaten 1938–1941. Paderborn 1984.
114. G. WOLLSTEIN, Eine Denkschrift des Staatssekretärs Bernhard von Bülow vom März 1933, in: MGM 13 (1973) 77–94.

4. Europäische Staaten

115. H. H. ABENDROTH, Hitler in der spanischen Arena. Paderborn 1973.

116. DERS., Die deutsche Intervention im spanischen Bürgerkrieg. Ein Diskussionsbeitrag, in: VfZG 30 (1982), 117–129.

117. R. AHMANN, Nichtangriffspakte. Entwicklung und operative Nutzung in Europa 1922–1939. Baden-Baden 1988.

118. D. AIGNER, Das Ringen um England. Das deutsch-britische Verhältnis. München/Esslingen 1969.

119. D. ALBRECHT, Zur Friedensdiplomatie des Vatikans 1939–1941. Eine Auseinandersetzung mit Bernd Martin, in: Politik und Konfession. Hrsg. v. DEMS. u. a. Berlin 1983, 447–464.

120. CH. BLOCH, Hitler und die europäischen Mächte 1933/34. Kontinuität oder Bruch. Frankfurt am Main 1966.

121. D. BOURGEOIS, Le Troisième Reich et la Suisse 1933–1941. Neuchâtel 1974.

122. M. BROSZAT, Nationalsozialistische Polenpolitik 1939–1945. Stuttgart 1961.

123. M. L. VAN CREVELD, Hitler's Strategy 1940–1941. The Balkan Clue. Cambridge 1973.

124. F. W. DEAKIN, Die brutale Freundschaft. Hitler, Mussolini und der Untergang des italienischen Faschismus. Köln/Berlin 1964.

125. D. S. DETWILER, Hitler, Franco und Gibraltar. Die Frage des spanischen Eintritts in den Zweiten Weltkrieg. Wiesbaden 1962.

126. U. EICHSTÄDT, Von Dollfuß zu Hitler. Geschichte des Anschlusses Österreichs 1933–1938. Wiesbaden 1955.

127. J. TH. EMMERSON, The Rhineland Crisis, London 1977.

128. PH. FABRY, Der Hitler-Stalin-Pakt 1939–1941. Darmstadt 1962.

129. M. D. FENYO, Hitler, Horthy and Hungary. German-Hungarian Relations 1941–1944. New Haven/London 1972.

130. I. FLEISCHHAUER, Die Chance des Sonderfriedens. Deutsch-sowjetische Geheimgespräche 1941–1945. Berlin 1986.

131. DIES., Das Dritte Reich und die Deutschen in der Sowjetunion. Stuttgart 1983.

132. J. FREYMOND, Le IIIe Reich et la réorganisation économique de l'Europe 1940–1942. Leiden 1974.

133. M. FUNKE, Sanktionen und Kanonen. Hitler, Mussolini und der internationale Abessinienkonflikt 1934–36. 2. Aufl. Düsseldorf 1971.

134. J. GEHL, Austria, Germany and the Anschluß 1931–1938. London 1963.

135. W. S. GRENZEBACH, jr., Germany's Informal Empire in East-Central Europe. Stuttgart 1988.

136. J. HENKE, England in Hitlers politischem Kalkül. Vom Scheitern der Bündniskonzeption bis zum Kriegsbeginn (1935–1938). Boppard a. Rh. 1973.

137. A. HILLGRUBER, Hitler, König Carol und Marschall Antonescu. Die deutsch-rumänischen Beziehungen 1938–1944. 2. Aufl. Wiesbaden 1965.

138. K. HILDEBRAND/K. F. WERNER (Hrsg.), Deutschland und Frankreich 1936–1939. München 1981.

139. DERS., Die Frankreichpolitik Hitlers bis 1936, in: Francia 5 (1977) 591–625.

140. M. G. HITCHENS, Germany, Russia, and the Balkans. Prelude to the Nazi-Soviet Non-Aggression Pact. New York 1983.

141. H.-J. HOPPE, Bulgarien – Hitlers eigenwilliger Verbündeter. Stuttgart 1979.

142. E. JÄCKEL, Frankreich in Hitlers Europa. Die deutsche Frankreichpolitik im Zweiten Weltkrieg. Stuttgart 1966.

143. L. JEDLICKA/R. NECK (Hrsg.), Das Jahr 1934: 25. Juli, München 1975.

144. DIES. (Hrsg.), Das Juliabkommen von 1936. Vorgeschichte, Hintergründe und Folgen. München 1977.

145. D. E. KAISER, Economic Diplomacy and the Origins of the Second World War. Princeton, N.J. 1980.

146. G.-K. KINDERMANN, Hitlers Niederlage in Österreich. Bewaffneter NS-Putsch, Kanzlermord und Österreichs Abwehrsieg von 1934. Hamburg 1984.

147. F. KNIPPING, Die deutsche Diplomatie und Frankreich 1933–1936, in: Francia 5 (1977) 491–512.

148. H. W. KOCH, Hitler's „Programme" and the Genesis of Operation „Barbarossa", in: JModH 26 (1983) 891–920.

149. A. KUBE, Außenpolitik und „Großraumwirtschaft", in: Wirtschaftliche und politische Integration in Europa im 19. und 20. Jahrhundert. Hrsg. v. H. BERDING. Göttingen 1984, 185–211.

150. D. S. McMURRY, Deutschland und die Sowjetunion 1933–1936. Köln/Wien 1979.

151. H. METZMACHER, Deutsch-englische Ausgleichsbemühungen im Sommer 1939, in: VfZG 14 (1966) 369–412.

152. S. MYLLYNIEMI, Die baltische Krise 1938–1941. Stuttgart 1979.

153. DERS., Die Neuordnung der baltischen Länder 1941–1944. Helsinki 1973.

154. R. NECK/A. WANDRUSZKA (Hrsg.), Anschluß 1938. München 1981.

155. K. OLSHAUSEN, Zwischenspiel auf dem Balkan. Die deutsche Politik gegenüber Jugoslawien und Griechenland von März bis Juli 1941. Stuttgart 1973.

156. J. PETERSEN, Hitler–Mussolini. Die Entstehung der Achse Berlin-Rom 1933–1936. Tübingen 1973.

157. DERS., Vorspiel zu „Stahlpakt" und Kriegsallianz. Das deutsch-italienische Kulturabkommen vom 23. November 1938, in: VfZG 36 (1988) 41–78.

158. B. PIETROW, Deutschland im Juni 1941 – ein Opfer sowjetischer Aggression? Zur Kontroverse über die Präventivkriegsthese, in: GG 14 (1988) 116–135.

159. P. QUEUILLE, La politique d'Hitler à l'égard de Vichy. Finassieren et Machtpolitik, in: Revue d'Histoire Diplomatique 97 (1983), 256–278.

160. M.-L. RECKER (Hrsg.), Von der Konkurrenz zur Rivalität. Das deutsch-britische Verhältnis in den Ländern der europäischen Peripherie 1919–1939. Stuttgart 1986.

161. N. SCHAUSBERGER, Der Griff nach Österreich. Der Anschluß. 2. Aufl. Wien/München 1979.

162. H. J. SCHRÖDER, Südosteuropa als „Informal Empire" Deutschlands 1933–1939. Das Beispiel Jugoslawien, in: JbGMOD 23 (1975) 70–96.
163. DERS., Deutsche Südosteuropapolitik 1929–1936. Zur Kontinuität deutscher Außenpolitik in der Weltwirtschaftskrise, in: GG 2 (1976) 5–32.
164. V. J. SIPOLS, Die Vorgeschichte des deutsch-sowjetischen Nichtangriffsvertrags. Köln 1981.
165. L. STEURER, Südtirol zwischen Rom und Berlin 1919–1939. Wien/München/Zürich 1980.
166. G. R. UEBERSCHÄR, Hitler und Finnland 1939–1941. Die deutsch-finnischen Beziehungen während des Hitler-Stalin-Paktes. Wiesbaden 1978.
167. DERS./W. WETTE (Hrsg.), „Unternehmen Barbarossa". Der deutsche Überfall auf die Sowjetunion 1941. Paderborn 1984.
168. R. W. WEBER, Die Entstehungsgeschichte des Hitler-Stalin-Paktes 1939. Frankfurt am Main 1980.
169. J. M. WEST, German-Swedish Relations, 1939–1942. Ann Arbor, Mich./London 1979.
170. N. WIGGERSHAUS, Der deutsch-englische Flottenvertrag vom 18. Juni 1935. Bonn 1972.
171. J. WUESCHT, Jugoslawien und das Dritte Reich. Stuttgart 1969.

5. Außereuropäische Staaten

172. H. BLOSS, Die Zweigleisigkeit der deutschen Fernostpolitik und Hitlers Option für Japan 1938, in: MGM 27 (1980) 55–92.
173. J. V. COMPTON, Hitler und die USA. Oldenburg 1968.
174. K. DRECHSLER, Deutschland – China – Japan 1933–1939. Berlin-Ost 1964.
175. A. EBEL, Das Dritte Reich und Argentinien. Köln/Wien 1971.
176. P. S. FABRY, Iran, die Sowjetunion und das kriegführende Deutschland im Sommer und Herbst 1940. Göttingen 1980.
177. J. P. FOX, Germany and the Far Eastern Crisis 1931–1938. Oxford 1982.
178. A. FRYE, Nazi Germany and the Western Hemisphere 1933–1941. New Haven, Conn. 1967.
179. M. HAUNER, India in Axis Strategy. Stuttgart 1981.
180. P. HERDE, Italien, Deutschland und der Weg in den Krieg im Pazifik 1941. Wiesbaden 1983.
181. L. HIROSZOWICZ, The Third Reich and the Arab Near East. London 1966.
182. Y. P. HIRSCHFELD, Deutschland und Iran im Spielfeld der Mächte. Düsseldorf 1980.
183. E. JÄCKEL, Die deutsche Kriegserklärung an die Vereinigten Staaten von 1941, in: Im Dienste Deutschlands und des Rechtes. Hrsg. v. F. J. KRONECK/TH. OPPERMANN. Baden-Baden 1981, 117–137.
184. L. KRECKER, Deutschland und die Türkei im Zweiten Weltkrieg. Frankfurt am Main 1964.
185. A. KUM'A N'DUMBE III, Hitler voulait l'Afrique. Le projet du 3e Reich sur le continent africain. Paris 1980.

186. B. Martin, Deutschland und Japan im Zweiten Weltkrieg. Göttingen 1969.
187. J. M. Meskill, Hitler und Japan. The Hollow Alliance. New York 1966.
188. R. Pommerin, Das Dritte Reich und Lateinamerika. Die deutsche Politik gegenüber Süd- und Mittelamerika 1939–1942. Düsseldorf 1977.
189. B. P. Schröder, Deutschland und der Mittlere Osten im Zweiten Weltkrieg. Göttingen/Frankfurt am Main/Zürich 1975.
190. H.-J. Schröder, Deutschland und die Vereinigten Staaten 1933–1939. Wiesbaden 1970.
191. Ders., Hauptprobleme der deutschen Lateinamerikapolitik 1933–1941, in: JbLA 12 (1975) 408–433.
192. Th. Sommer, Deutschland und Japan zwischen den Mächten 1935–1940. Vom Antikominternpakt zum Dreimächtepakt. Tübingen 1962.
193. H. Tillmann, Deutsche Araberpolitik im Zweiten Weltkrieg. Berlin-Ost 1965.
194. J. Voigt, Indien im Zweiten Weltkrieg. Stuttgart 1978.
195. K. Volland, Das Dritte Reich und Mexiko. Frankfurt am Main 1976.
196. G. L. Weinberg, Germany's Declaration of War on the United States: A New Look, in: Germany and America. Hrsg. v. H. L. Trefousse. New York 1980, 54–70.
197. St. Wild, National Socialism in the Arab Near East between 1933 and 1939, in: Die Welt des Islams 25 (1985) 126–173.

6. Deutungen

198. K. D. Bracher, Zeitgeschichtliche Kontroversen. Um Faschismus. Totalitarismus, Demokratie. München 1976.
199. A. Bullock, Hitler. Eine Studie über Tyrannei. Vollständig überarb. Neuausgabe. Düsseldorf 1971.
200. D. Calleo, The German Problem Reconsidered. Germany and the World Order, 1870 to Present. Cambridge/London u. a. 1978.
201. L. Dehio, Deutschland und die Weltpolitik im 20. Jahrhundert. Frankfurt 1955.
202. Ders., Gleichgewicht oder Hegemonie. Betrachtungen über ein Grundproblem der neueren Staatengeschichte. Krefeld 1948.
203. G. Eley, From Unification to Nazism. Reinterpreting the German Past. London/Sydney 1986.
204. F. Fischer, Bündnis der Eliten. Zur Kontinuität der Machtstrukturen in Deutschland 1871–1945. Düsseldorf 1979.
205. K. Gossweiler, Aufsätze zum Faschismus. Berlin 1986.
206. S. Haffner, Anmerkungen zu Hitler. München 1978.
207. K. Hildebrand, Hitlers Ort in der Geschichte des preußisch-deutschen Nationalstaates, in: HZ 217 (1973) 584–632.
208. Ders., Krieg im Frieden und Frieden im Krieg, in: HZ 244 (1987) 1–28.
209. Ders., Staatskunst oder Systemzwang?, in: HZ 228 (1979) 624–644.
210. H.-A. Jacobsen, Zur Kontinuität und Diskontinuität in der deutschen Außenpolitik im 20. Jahrhundert, in: Von der Strategie der Gewalt zur Politik der Friedenssicherung. Hrsg. v. Dems. Düsseldorf 1977, 9–32.

211. F. MEINECKE, Die deutsche Katastrophe. Wiesbaden 1946.
212. TH. NIPPERDEY, 1933 und die Kontinuität der deutschen Geschichte, in: Nachdenken über die deutsche Geschichte. Hrsg. v. DEMS. München 1986, 186–105.
213. J. PETZOLD, Die Demagogie des Hitlerfaschismus. Frankfurt am Main 1983.
214. G. RITTER, Europa und die deutsche Frage. München 1948.
215. TH. SCHIEDER, Das Deutsche Reich in seinen nationalen und universalen Beziehungen 1871 bis 1945, in: Reichsgründung 1870/71. Hrsg. v. DEMS./E. DEUERLEIN. Stuttgart 1970, 422–454.
216. Deutscher Sonderweg – Mythos oder Realität. München/Wien 1982.
217. H.-U. WEHLER, Krisenherde des Kaiserreichs 1871–1918. Göttingen 1970.
218. B.-J. WENDT, Deutschland in der Mitte Europas. Grundkonstellationen der Geschichte, in: Deutsche Studien 19 (1981) 220–275.

7. Nachtrag 2010

7.1 Europäische und außereuropäische Staaten

219. H.F. BELLSTEDT, „Apaisement" oder Krieg. Frankreichs Außenminister Georges Bonnet und die deutsch-französische Erklärung vom 6. Dezember 1938. Bonn 1993.
220. G. CH. BERGER WALDENEGG, Hitler, Göring und Mussolini und der „Anschluß" Österreichs an das Deutsche Reich, in: VfZG 51 (2003) 147–182.
221. M. BERTOLASO, Die erste Runde im Kampf gegen Hitler? Frankreich, Großbritannien und die österreichische Frage 1933/34. Hamburg 1995.
222. M. BOCK u.a. (Hrsg.), Entre Locarno et Vichy. Les relations culturelles franco-allemandes dans les années 1930. Paris 1993.
223. D. BOURGEOIS, Das Geschäft mit Hitler-Deutschland. Schweizer Wirtschaft und Drittes Reich. Zürich 2000.
224. W.H. BOWEN, Spaniards and Nazi Germany. Collaboration in the new order. Columbia 2000.
225. A. BRÜSTLE, Das Deutsche Ausland-Institut und die Deutschen in Argentinien 1933–1945. Berlin 2007.
226. J. ELVERT, Mitteleuropa! Deutsche Pläne zur europäischen Neuordnung 1918–1945. Stuttgart 1999.
227. J.-H. FLOTO, Die Beziehungen Deutschlands zu Venezuela 1933 bis 1948. Frankfurt am Main 1991.
228. N. FORBES, Doing business with the Nazis. Britain's economic and financial relations with Germany 1931–1939. London 2000.
229. C. FRANZ, Fernand de Brinon und die deutsch-französischen Beziehungen 1918–1945. Bonn 2000.
230. PH. GASSERT, Amerika im Dritten Reich. Ideologie, Propaganda und Volksmeinung 1933–1945. Stuttgart 1997.
231. H.-D. GIRO, Die Remilitarisierung des Rheinlandes 1936. Hitlers Weg in den Krieg? Essen 2006.

232. A. HAGEMANN, Südafrika und das „Dritte Reich". Rassenpolitische Affinität und machtpolitische Rivalität. Frankfurt am Main 1989.
233. W. HOFER, Hitler, der Westen und die Schweizer 1936–1945. 2. Aufl. Zürich 2002.
234. A. HOFFEND, Zwischen Kultur-Achse und Kulturkampf. Die Beziehungen zwischen „Drittem Reich" und faschistischem Italien in den Bereichen Medien, Kunst, Wissenschaft und Rassenfragen. Frankfurt am Main 1998.
235. I. KERSHAW, Hitlers Freunde in England. Lord Londonderry und der Weg in den Krieg. München 2005.
236. G. KREBS/B. MARTIN (Hrsg.), Formierung und Fall der Achse Berlin-Tokyo. München 1994.
237. G. KÜMMEL, Transnationale Wirtschaftskooperation und der Nationalstaat. Deutsch-amerikanische Unternehmensbeziehungen in den dreißiger Jahren. Stuttgart 1995.
238. Y. LACAZE, La France et Munich. Etude d'un processus décisionnel en matière de relations internationales. Bern 1992.
239. CH. LEITZ, Economic relations between Nazi Germany and Franco's Spain 1936–1945. Oxford 1996.
240. F.C. LITTLEFIELD, Germany and Yugoslavia 1933–1941. The German conquest of Yugoslavia. New York 1988.
241. W. LOEPFE, Geschäfte in spannungsgeladener Zeit. Finanz- und Handelsbeziehungen zwischen der Schweiz und Deutschland 1923 bis 1946. Weinfelden 2006.
242. K.-M. MALLMANN, Halbmond und Hakenkreuz. Das „Dritte Reich", die Araber und Palästina. Darmstadt 2006.
243. B. MARTIN (Hrsg.), Deutsch-chinesische Beziehungen 1928–1937. „Gleiche" Partner unter „ungleichen" Bedingungen. Berlin 2003.
244. A. MATTIOLI, Experimentierfeld der Gewalt. Der Abessinienkrieg und seine internationale Bedeutung 1935–1941. Zürich 2005.
245. CH. METZGER, L'empire colonial français dans la stratégie du troisième Reich 1936–1945. Brüssel 2002.
246. K. MICHAELIS, 1938 – Krieg gegen die Tschechoslowakei. Der Fall „Grün". Berlin 2004.
247. R.W. MÜHLE, Frankreich und Hitler. Die französische Deutschland- und Außenpolitik 1933–1945. Paderborn 1995.
248. S. NEWTON, Profits of Peace. The political economy of Anglo-German appeasement. Oxford 1996.
249. A. NIKZENTAITIS, Germany and the Memel Germans in the 1930s, in: Hist. J. 39 (1996) 771–783.
250. M. O'DRISCOLL, Ireland, Germany and the Nazis. Politics and diplomacy 1919–1939. Dublin 2004.
251. R.A.C. PARKER, Chamberlain and Appeasement. British policy and the coming of the Second World War. Houndsmills 1994.
252. W. RAUSCHER, Hitler und Mussolini. Macht, Krieg und Terror. Graz/Wien/Köln 2001.
253. R. RAY, Annäherung an Frankreich im Dienste Hitlers? Otto Abetz und die deutsche Frankreichpolitik 1930–1942. München 2000.

254. S. SCHIRMANN, Les relations économiques et financières franco-allemandes. 24 décembre 1932–1er septembre 1939, Paris 1995.
255. Z. SHORE, Hitler, intelligence and the decision to remilitarize the Rhine,
in: J. contemp. Hist. 34 (1999) 5–18.
256. H. SIROIS, Zwischen Illusion und Krieg. Deutschland und die USA
1933–1941. Paderborn 2000.
257. A. STAM, The diplomacy of the „New Order". The foreign policy of
Japan, Germany and Italy 1931–1945. Soesterberg 2004.
258. G. STOURZH/B. ZAAR (Hrsg.), Österreich, Deutschland und die Mächte.
Internationale und österreichische Aspekte des „Anschlusses" vom
März 1938. Wien 1990.
259. H. VELLIADIS, Metaxas–Hitler. Griechisch-deutsche Beziehungen während der Metaxas–Diktatur 1936–1941. Berlin 2006.
260. H.-E. VOLKMANN (Hrsg.), Die Außenbeziehungen zwischen dem
„Dritten Reich" und den baltischen Staaten 1933 bis 1939. Ein Aufriß,
in: Z Geschichtswiss. 46 (1998) 580-602.
261. G. VOLSANSKY, Pakt auf Zeit. Das Deutsch-Österreichische Juli-Abkommen 1936. Wien 2001.
262. M. WIEN, Markt und Modernisierung. Deutsch-bulgarische Wirtschafts-
beziehungen 1918–1944 in ihren konzeptionellen Grundlagen, München 2007.
263. E. ZACHARIOUDAKIS, Die deutsch-griechischen Beziehungen 1933–1941.
Interessensgegensätze an der Peripherie Europas. Husum 2002.

7.2 Einzelfragen und Gesamtdeutungen

264. L. BESYMENSKIJ, Geheimmission in Stalins Auftrag? David Kandelaki
und die sowjetisch-deutschen Beziehungen Mitte der dreißiger Jahre,
in: VfZG 40 (1992) 339–357.
265. DERS., Stalin und Hitler. Das Pokerspiel der Diktatoren. Berlin 2002.
266. DERS., Die sowjetisch-deutschen Verträge von 1939. Neue Dokumente,
in: Forum osteur. Ideen- u. Zeitgesch. 2 (1998) 77–108.
267. CH. BLOCH, Das Dritte Reich und die Welt. Die deutsche Außenpolitik
1933–1945. Paderborn 1993.
268. R. BOYCE (Hrsg.), The origins of World War Two. The Debate Continues.
Basingstoke 2003.
269. A. BÜHL (Hrsg.), Der Hitler-Stalin-Pakt. Die sowjetische Debatte. Köln
1989.
270. H.-J. DÖSCHER, Seilschaften. Die verdrängte Vergangenheit des Auswärtigen Amts. Berlin 2005.
271. E.E. ERICSON, Feeding the German Eagle: Soviet Economic aid to Nazi
Germany 1933–1941. Westport, CT 1999.
272. I. FLEISCHHAUER, Der Pakt. Hitler, Stalin und die Initiative der deutschen
Diplomatie 1938–1939. Frankfurt am Main 1990.
273. R.G. FOERSTER (Hrsg.), „Unternehmen Barbarossa". Zum historischen
Ort der deutsch-sowjetischen Beziehungen von 1933 bis Herbst 1941.
München 1993.

274. K. GESCHE, Kultur als Instrument der Außenpolitik totalitärer Staaten. Das Deutsche Ausland-Institut 1933–1945. Köln 2006.

275. D. GILLARD, Appeasement in Crisis: From Munich to Prague, October 1938–March 1939. New York 2007.

276. S.A. GORLOW, Die Genesis des Ribbentrop-Molotow-Paktes, in: Dtsch. Stud. 35 (1998) 274–299.

277. H. GRAML, Europas Weg in den Krieg. Hitler und die Mächte 1939. München 1990.

278. K. HILDEBRAND, Die Entfesselung des Zweiten Weltkrieges und das internationale System. Probleme und Perspektiven der Forschung, in: HZ 251 (1990) 607–625.

279. DERS. u.a. (Hrsg.), 1939 – an der Schwelle zum Weltkrieg. Die Entfesselung des Zweiten Weltkrieges und das internationale System. Berlin 1990.

280. DERS., Das vergangene Reich. Deutsche Außenpolitik von Bismarck bis Hitler 1871–1945. Studienausgabe München 2008.

281. ST. KLEY, Hitler, Ribbentrop und die Entfesselung des Zweiten Weltkriegs. Paderborn 1996.

282. CH. LEITZ, Nazi foreign Policy 1933–1941. The Road to Global War. London 2004.

283. J. LIPINSKY, Das Geheime Zusatzprotokoll zum deutsch-sowjetischen Nichtangriffsvertrag vom 23. August 1939 und seine Entstehungs- und Rezeptionsgeschichte von 1939 bis 1999. Frankfurt am Main 2004.

284. T. LUTHER, Volkstumspolitik des Deutschen Reiches 1933–1938. Die Auslanddeutschen im Spannungsfeld zwischen Traditionalisten und Nationalsozialisten. Stuttgart 2004.

285. R. MARIA, De l'accord de Munich au pacte germano-soviétique du 23 août 1939. Paris 1995.

286. H. MÖLLER, Europa zwischen den Weltkriegen. München 1998.

287. P. NEVILLE, Hitler and appeasement. The British attempt to prevent the Second World War. London 2006.

288. R. F. SCHMIDT, Die Außenpolitik des Dritten Reiches 1933–1939. Stuttgart 2002.

289. G. B. STRANG, Once more into the breach. Britain's guarantee to Poland, March 1939, in: J. contemp. Hist. 31 (1996) 721–752.

290. G. T. WADDINGTON, Hitler, Ribbentrop, die NSDAP und der Niedergang des britischen Empire 1935–1938, in: VfZG 40 (1992) 273–306.

291. J. R. C. WRIGHT, Germany and the origins of the Second World War. Basingstoke 2007.

Zeittafel

1933

30. Jan.   Ernennung Hitlers zum Reichskanzler; Kabinett der „nationalen Konzentration"

2. Febr.   Beginn der zweiten Genfer Abrüstungskonferenz

3. Febr.   Geheime Rede Hitlers vor den Befehlshabern des Heeres und
der Marine über die innere Gleichschaltung und die Gewinnung von „Lebensraum" im Osten

5. Mai   Verlängerung des Berliner Vertrags von 1926 mit der Sowjetunion ratifiziert

17. Mai   „Friedensrede" Hitlers vor dem Reichstag

20. Juli   Konkordat zwischen dem Deutschen Reich und dem Vatikan

14. Okt.   Rückzug von der Abrüstungskonferenz, Austritt Deutschlands
aus dem Völkerbund

1934

26. Jan.   Nichtangriffspakt zwischen dem Deutschen Reich und Polen

24. April   Ribbentrop zum Beauftragten für Abrüstungsfragen ernannt;
Aufbau des „Büro Ribbentrop"

14./15. Juni Erstes Treffen Hitlers und Mussolinis in Venedig

25. Juli   Nationalsozialistischer Putsch in Österreich, Bundeskanzler
Dollfuß ermordet

24. Sept.   „Neuer Plan" Hjalmar Schachts zur völligen Steuerung des
Außenhandels durch zentrale Devisenbewirtschaftung

1935

13. Jan.   Volksabstimmung im Saargebiet, Rückgliederung der Saar

16. März   Wiedereinführung der allgemeinen Wehrpflicht; einseitige
Aufhebung der militärischen Bestimmungen des Versailler
Vertrags durch Deutschland

11.–14. April Konferenz der Regierungschefs Großbritanniens, Frankreichs
und Italiens in Stresa: Beschluß, sich in Zukunft der einseitigen Aufkündigung von Verträgen zu widersetzen („Stresa-
Front")

21. Mai	Reichstagsrede Hitlers mit einem „Friedens-Programm" von 13 Punkten
18. Juni	Deutsch-britisches Flottenabkommen

1936

7. März	Einmarsch deutscher Truppen in das entmilitarisierte Rheinland; Versailler Vertrag und Locarno-Verträge verletzt
11. Juli	Deutsch-österreichisches Abkommen über die Wiederherstellung freundschaftlicher Beziehungen
25./26. Juli	Hitlers Zusage von militärischer Unterstützung für Franco im Spanischen Bürgerkrieg
9. Sept.	Verkündigung des „Vierjahresplans" auf dem „Reichsparteitag der Ehre" in Nürnberg (8.–14. 9.)
25. Okt.	Deutsch-italienischer Vertrag über politische Zusammenarbeit („Achse Berlin–Rom")
25. Nov.	Antikominternpakt zwischen Deutschland und Japan

1937

5. Nov.	Ansprache Hitlers vor den Oberbefehlshabern der drei Wehrmachtteile und dem Reichsaußenminister über seine außenpolitischen Ziele („Hoßbach-Niederschrift")
6. Nov.	Beitritt Italiens zum Antikominternpakt

1938

4. Febr.	Revirement an der Spitze der Wehrmacht und des Auswärtigen Amtes; von Neurath durch von Ribbentrop ersetzt
12. Febr.	Unterredung zwischen dem österreichischen Bundeskanzler Schuschnigg und Hitler auf dem Obersalzberg
12. März	Einmarsch deutscher Truppen in Österreich
13. März	Gesetz über die Wiedervereinigung Österreichs mit dem Deutschen Reich („Anschluß")
24. April	Karlsbader Programm der Sudetendeutschen Partei: Forderung nach Autonomie für die sudetendeutschen Gebiete; Verschärfung der Sudetenkrise
30. Mai	Weisung Hitlers an die Wehrmacht zur militärischen Zerschlagung der Tschechoslowakei „in absehbarer Zeit"
15. Sept.	Unterredung des britischen Premierministers Neville Chamberlain mit Hitler in Berchtesgaden
22.–24. Sept.	Unterredung Chamberlains mit Hitler in Bad Godesberg zur Regelung der Sudetenkrise
29. Sept.	Münchener Konferenz der Regierungschefs von Großbritan-

nien, Frankreich, Italien und Deutschland: Abtretung der sudetendeutschen Gebiete an das Deutsche Reich

30. Sept.	Gemeinsame Erklärung Hitlers und Chamberlains
1. Okt.	Beginn des Einmarsches deutscher Truppen in die sudetendeutschen Gebiete
21. Okt.	Erste Weisung Hitlers zur militärischen „Erledigung der Rest-Tschechei"

1939

14. März	(In Berlin diktierte) Unabhängigkeitserklärung der Slowakei und der Karpato-Ukraine
15. März	Einmarsch deutscher Truppen in die Tschechoslowakei („Griff nach Prag")
16. März	Bildung des „Reichsprotektorats Böhmen und Mähren"
23. März	Die Slowakei stellt sich unter den „Schutz" des Deutschen Reiches Einmarsch deutscher Truppen in das Memelgebiet, es wird von Litauen abgetrennt Deutsch-rumänisches Handelsabkommen zur Einfügung Rumäniens in ein von Deutschland geführtes mitteleuropäisches Wirtschaftssystem
27. März	Beitritt Spaniens zum Antikomintern-Pakt
31. März	Britisch-französische Garantieerklärung für die Unabhängigkeit Polens; am 13. 4. auf Rumänien und Griechenland ausgedehnt
11. April	Hitlers Weisung für den „Fall Weiß" (Angriff auf Polen)
28. April	Deutsch-polnischer Nichtangriffspakt und deutsch-britisches Flottenabkommen aufgekündigt
22. Mai	Abschluß eines Militärbündnisses zwischen Italien und Deutschland („Stahlpakt")
23. Aug.	Abschluß des deutsch-sowjetischen Nichtangriffspakts (Hitler-Stalin-Pakt) und eines geheimen Zusatzprotokolls
25. Aug.	Angebot Hitlers an Großbritannien zur Zusammenarbeit für die Zeit nach der Beilegung der Auseinandersetzung mit Polen; Unterzeichnung eines britisch-polnischen Bündnisvertrags
1. Sept.	Beginn des deutschen Angriffs auf Polen
3. Sept.	Kriegserklärungen Großbritanniens und Frankreichs an das Deutsche Reich
27. Sept.	Kapitulation Warschaus
6. Okt.	„Friedensappell" Hitlers an die Westmächte
9. Okt.	Erste Weisung Hitlers zum Angriff im Westen

1940

11. Febr.	Deutsch-sowjetisches Wirtschaftsabkommen
9. April	Besetzung Dänemarks, Invasion in Norwegen
10. Mai	Deutscher Angriff auf Belgien, die Niederlande, Luxemburg und Frankreich
15. Mai	Kapitulation der niederländischen Streitkräfte
28. Mai	Kapitulation Belgiens
10. Juni	Kriegseintritt Italiens, das sich zuvor (25. 8.) als „nicht-kriegführend" erklärt hatte Kapitulation der norwegischen Streitkräfte
22. Juni	Waffenstillstand zwischen Deutschland und Frankreich in Compiègne
16. Juli	Weisung Hitlers für die Vorbereitung einer Landung in Großbritannien (Unternehmen „Seelöwe")
19. Juli	Reichstagsrede Hitlers mit „letztem Friedensappell" an Großbritannien
13. Aug.	Beginn der Luftschlacht um England
27. Sept.	Abschluß des Dreimächtepaktes zwischen Deutschland, Italien und Japan
12. Okt.	Abbruch der Vorbereitungen für das Unternehmen „Seelöwe"
23. Okt.	Treffen Hitlers mit Franco in Hendaye
24. Okt.	Treffen Hitlers mit Pétain und Laval in Montoire
28. Okt.	Angriff italienischer Truppen auf Griechenland
12./13. Nov.	Besuch Molotows in Berlin
18. Dez.	Unterzeichnung der Weisung Nr. 21 („Barbarossa") durch Hitler: Befehl zum Abschluß der Vorbereitungen für den Ostfeldzug „bis zum 15. 5. 1941"

1941

2. März	Einmarsch deutscher Truppen in Bulgarien
31. März	Deutsch-italienische Offensive in der Cyrenaika (Deutsches „Afrika-Korps")
6. April	Beginn des Feldzuges gegen Jugoslawien und Griechenland
17. April	Kapitulation Jugoslawiens
23. April	Kapitulation Griechenlands
22. Juni	Angriff gegen die Sowjetunion
14. Juli	Weisung Hitlers, den Schwerpunkt der Rüstung vom Heer auf die Kriegsmarine und die Luftwaffe zu legen, um nach dem als

sicher erwarteten Sieg über die Sowjetunion für den Krieg gegen die angelsächsischen Mächte gerüstet zu sein
Unterredung Hitlers mit dem japanischen Botschafter Oshima: umfassendes Offensivbündnis zwischen Deutschland und Japan vorgeschlagen, um „gemeinsam" die UdSSR und die USA zu „vernichten"

Dez.   Steckenbleiben des deutschen Vormarsches vor Moskau

11. Dez.   Kriegserklärung Deutschlands und Italiens an die USA, nachdem die USA am 8. 12. Japan als Reaktion auf den japanischen Überfall auf Pearl Harbor (7. 12.) den Krieg erklärt hatten

1942

14. Jan.   Ende der „Arcadia"-Konferenz zwischen Churchill und Roosevelt: Konzentration der alliierten Kriegführung auf Europa

3. Juli   Steckenbleiben des deutsch-italienischen Vormarsches in Nordafrika (El Alamein)

3. Nov.   Britischer Durchbruch bei El Alamein, Beginn des Rückzugs des deutschen „Afrika-Korps"

7./8. Nov.   Landung der Alliierten in Marokko und Algerien („Operation Torch")

11. Nov.   Einmarsch deutscher Truppen in das bisher unbesetzte französische Gebiet

19. Nov.   Sowjetische Gegenoffensive bei Stalingrad

1943

14.–25. Jan. Konferenz von Casablanca zwischen Roosevelt und Churchill: Forderung nach „bedingungsloser Kapitulation" des Gegners

31. Jan.   Kapitulation der 6. Armee in Stalingrad
bis 2. Febr.

5. Juli   Beginn des Unternehmens „Zitadelle": deutsche Offensive gegen den sowjetischen Frontbogen um Kursk

10. Juli   Landung der Alliierten auf Sizilien

12. Juli   Beginn der sowjetischen Sommeroffensive

25. Juli   Sturz Mussolinis, Ende des faschistischen Regimes in Italien

3. Sept.   Abschluß des zunächst geheimgehaltenen Waffenstillstands Italiens mit den Alliierten, Bekanntgabe am 8. 9.

8. Sept.   Beginn der deutschen Besetzung Nord- und Mittelitaliens

28. Nov.   Konferenz von Teheran zwischen Roosevelt, Churchill und
bis 1. Dez.   Stalin

1944

19. März	Besetzung Ungarns durch deutsche Truppen
6. Juni	Alliierte Invasion in Nordfrankreich
22. Juni	Beginn der sowjetischen Sommeroffensive gegen die deutsche Heeresgruppe Mitte
3. Juli	Zusammenbruch der Heeresgruppe Mitte im Osten
23. Aug.	Umsturz in Rumänien, Kapitulation vor den sowjetischen Streitkräften
8. Sept.	Kriegserklärung Bulgariens an das Deutsche Reich
11. Sept.	Amerikanische Truppen erreichen die Reichsgrenze
16.–24. Dez.	Ardennen-Offensive der deutschen Armee

1945

3. Jan.	Alliierte Gegenoffensive in den Ardennen
12. Jan.	Sowjetische Offensive an der Weichsel
14. Jan.	Sowjetische Offensive zur Eroberung Ostpreußens
4.–11. Febr.	Konferenz der „Großen Drei" in Jalta
25. April	Amerikanische und sowjetische Truppen treffen sich bei Torgau an der Elbe
30. April	Selbstmord Hitlers
7. bis 8./9. Mai	Deutsche Kapitulation in Reims und Berlin-Karlshorst unterzeichnet; Waffenruhe in Europa

Register

Enzyklopädie deutscher Geschichte
Themen und Autoren

Mittelalter

Agrarwirtschaft, Agrarverfassung und ländliche Gesellschaft im Mittelalter
(Werner Rösener) 1992. EdG 13
Adel, Rittertum und Ministerialität im Mittelalter (Werner Hechberger) 2004.
EdG 72
Die Stadt im Mittelalter (Frank G. Hirschmann) 2009. EdG 84
Die Armen im Mittelalter (Otto Gerhard Oexle)
Frauen- und Geschlechtergeschichte des Mittelalters (Hedwig Röckelein)
Die Juden im mittelalterlichen Reich (Michael Toch) 2. Aufl. 2003. EdG 44

Gesellschaft

Wirtschaftlicher Wandel und Wirtschaftspolitik im Mittelalter
(Michael Rothmann)

Wirtschaft

Wissen als soziales System im Frühen und Hochmittelalter (Johannes Fried)
Die geistige Kultur im späteren Mittelalter (Johannes Helmrath)
**Die ritterlich-höfische Kultur des Mittelalters (Werner Paravicini)
2. Aufl. 1999. EdG 32**

*Kultur, Alltag,
Mentalitäten*

Die mittelalterliche Kirche (Michael Borgolte) 2. Aufl. 2004. EdG 17
Mönchtum und religiöse Bewegungen im Mittelalter (Gert Melville)
**Grundformen der Frömmigkeit im Mittelalter (Arnold Angenendt) 2. Aufl.
2004. EdG 68**

*Religion und
Kirche*

Die Germanen (Walter Pohl) 2. Aufl. 2004. EdG 57
**Das römische Erbe und das Merowingerreich (Reinhold Kaiser)
3., überarb. u. erw. Aufl. 2004. EdG 26**
Das Karolingerreich (Jörg W. Busch)
Die Entstehung des Deutschen Reiches (Joachim Ehlers) 2. Aufl. 1998. EdG 31
**Königtum und Königsherrschaft im 10. und 11. Jahrhundert (Egon Boshof)
2. Aufl. 1997. EdG 27**
**Der Investiturstreit (Wilfried Hartmann) 3., überarb. u. erw. Aufl. 2007.
EdG 21**
**König und Fürsten, Kaiser und Papst nach dem Wormser Konkordat
(Bernhard Schimmelpfennig) 1996. EdG 37**
Deutschland und seine Nachbarn 1200–1500 (Dieter Berg) 1996. EdG 40
Die kirchliche Krise des Spätmittelalters (Heribert Müller)
**König, Reich und Reichsreform im Spätmittelalter (Karl-Friedrich Krieger)
2., durchges. Aufl. 2005. EdG 14**
**Fürstliche Herrschaft und Territorien im späten Mittelalter (Ernst Schubert)
2. Aufl. 2006. EdG 35**

*Politik, Staat,
Verfassung*

Frühe Neuzeit

**Bevölkerungsgeschichte und historische Demographie 1500–1800
(Christian Pfister) 2. Aufl. 2007. EdG 28**

Gesellschaft

Umweltgeschichte der Frühen Neuzeit (Reinhold Reith)
**Bauern zwischen Bauernkrieg und Dreißigjährigem Krieg (André Holenstein)
1996. EdG 38**
Bauern 1648–1806 (Werner Troßbach) 1992. EdG 19
Adel in der Frühen Neuzeit (Rudolf Endres) 1993. EdG 18
Der Fürstenhof in der Frühen Neuzeit (Rainer A. Müller) 2. Aufl. 2004. EdG 33
Die Stadt in der Frühen Neuzeit (Heinz Schilling) 2. Aufl. 2004. EdG 24
**Armut, Unterschichten, Randgruppen in der Frühen Neuzeit
(Wolfgang von Hippel) 1995. EdG 34**
Unruhen in der ständischen Gesellschaft 1300–1800 (Peter Blickle) 1988. EdG 1
Frauen- und Geschlechtergeschichte 1500–1800 (N. N.)
**Die deutschen Juden vom 16. bis zum Ende des 18. Jahrhunderts
(J. Friedrich Battenberg) 2001. EdG 60**

Wirtschaft   **Die deutsche Wirtschaft im 16. Jahrhundert (Franz Mathis) 1992. EdG 11**
**Die Entwicklung der Wirtschaft im Zeitalter des Merkantilismus 1620–1800
(Rainer Gömmel) 1998. EdG 46**
Landwirtschaft in der Frühen Neuzeit (Walter Achilles) 1991. EdG 10
Gewerbe in der Frühen Neuzeit (Wilfried Reininghaus) 1990. EdG 3
**Kommunikation, Handel, Geld und Banken in der Frühen Neuzeit (Michael
North) 2000. EdG 59**

Kultur, Alltag,   Renaissance und Humanismus (Ulrich Muhlack)
Mentalitäten   **Medien in der Frühen Neuzeit (Andreas Würgler) 2009. EdG 85**
**Bildung und Wissenschaft vom 15. bis zum 17. Jahrhundert (Notker Hammer-
stein) 2003. EdG 64**
**Bildung und Wissenschaft in der Frühen Neuzeit 1650–1800
(Anton Schindling) 2. Aufl. 1999. EdG 30**
Die Aufklärung (Winfried Müller) 2002. EdG 61
**Lebenswelt und Kultur des Bürgertums in der Frühen Neuzeit (Bernd Roeck)
1991. EdG 9**
**Lebenswelt und Kultur der unterständischen Schichten in der Frühen Neuzeit
(Robert von Friedeburg) 2002. EdG 62**

Religion und   **Die Reformation. Voraussetzungen und Durchsetzung (Olaf Mörke) 2005.**
Kirche   **EdG 74**
**Konfessionalisierung im 16. Jahrhundert (Heinrich Richard Schmidt)
1992. EdG 12**
**Kirche, Staat und Gesellschaft im 17. und 18. Jahrhundert (Michael Maurer)
1999. EdG 51**
**Religiöse Bewegungen in der Frühen Neuzeit (Hans-Jürgen Goertz)
1993. EdG 20**

Politik, Staat,   **Das Reich in der Frühen Neuzeit (Helmut Neuhaus) 2. Aufl. 2003. EdG 42**
Verfassung   Landesherrschaft, Territorien und Staat in der Frühen Neuzeit (Joachim Bahlcke)
Die Landständische Verfassung (Kersten Krüger) 2003. EdG 67
**Vom aufgeklärten Reformstaat zum bürokratischen Staatsabsolutismus
(Walter Demel) 1993. EdG 23**
Militärgeschichte des späten Mittelalters und der Frühen Neuzeit
(Bernhard R. Kroener)

Staatensystem,
internationale
Beziehungen

19. und 20. Jahrhundert

**Lebenswelt und Kultur des Bürgertums im 19. und 20. Jahrhundert
(Andreas Schulz) 2005. EdG 75**
**Lebenswelt und Kultur der unterbürgerlichen Schichten im 19. und
20. Jahrhundert (Wolfgang Kaschuba) 1990. EdG 5**

Religion und
Kirche

**Kirche, Politik und Gesellschaft im 19. Jahrhundert (Gerhard Besier)
1998. EdG 48**
**Kirche, Politik und Gesellschaft im 20. Jahrhundert (Gerhard Besier)
2000. EdG 56**

Politik, Staat,
Verfassung

Der Deutsche Bund 1815–1866 (Jürgen Müller) 2006. EdG 78
**Verfassungsstaat und Nationsbildung 1815–1871 (Elisabeth Fehrenbach)
2., um einen Nachtrag erw. Aufl. 2007. EdG 22**
**Politik im deutschen Kaiserreich (Hans-Peter Ullmann) 2., durchges. Aufl.
2005. EdG 52**
**Die Weimarer Republik. Politik und Gesellschaft (Andreas Wirsching)
2., um einen Nachtrag erw. Aufl. 2008. EdG 58**
Nationalsozialistische Herrschaft (Ulrich von Hehl) 2. Aufl. 2001. EdG 39
**Die Bundesrepublik Deutschland. Verfassung, Parlament und Parteien
(Adolf M. Birke) 1997. EdG 41**
Militär, Staat und Gesellschaft im 19. Jahrhundert (Ralf Pröve) 2006. EdG 77
Militär, Staat und Gesellschaft im 20. Jahrhundert (Bernhard R. Kroener)
**Die Sozialgeschichte der Bundesrepublik Deutschland bis 1989/90 (Axel
Schildt) 2007. EdG 80**
Die Sozialgeschichte der DDR (Arnd Bauerkämper) 2005. EdG 76
Die Innenpolitik der DDR (Günther Heydemann) 2003. EdG 66

Staatensystem,
internationale
Beziehungen

**Die deutsche Frage und das europäische Staatensystem 1815–1871
(Anselm Doering-Manteuffel) 2. Aufl. 2001. EdG 15**
**Deutsche Außenpolitik 1871–1918 (Klaus Hildebrand) 3., überarb. und um
einen Nachtrag erw. Aufl. 2008. EdG 2**
**Die Außenpolitik der Weimarer Republik (Gottfried Niedhart)
2., aktualisierte Aufl. 2006. EdG 53**
**Die Außenpolitik des Dritten Reiches (Marie-Luise Recker) 2., um einen
Nachtrag erw. Auflage 2010. EdG 8**
**Die Außenpolitik der Bundesrepublik Deutschland 1949 bis 1990 (Ulrich
Lappenküper) 2008. EdG 83**
Die Außenpolitik der DDR (Joachim Scholtyseck) 2003. EDG 69

Hervorgehobene Titel sind bereits erschienen.

Stand: (September 2009)